W0109329

HARALD
FISCHER
VERLAG

Tierrechte – Menschenpflichten, Bd. 1

Helmut F. Kaplan

Tiere haben Rechte

Argumente und Zitate von A – Z

HARALD FISCHER VERLAG

2. Auflage 2002
Copyright © 1998 by Harald Fischer Verlag GmbH, Erlangen
Alle Rechte vorbehalten
Druck- und Bindearbeiten: WB-Druck, Rieden/Allgäu
Umschlagentwurf: Zembsch' Werkstatt, München
unter Verwendung eines Bildmotivs von Franz Marc
Printed in Germany

Die Deutsche Bibliothek – CIP-Einheitsaufnahme

Kaplan, Helmut F.:
Tiere haben Rechte : Argumente und Zitate von A–Z /
Helmut F. Kaplan. - 2. Aufl. - Erlangen : Fischer, 2002
(Tierrechte – Menschenpflichten ; Bd. 1)
ISBN 3-89131-118-4

Für Astrid, Helmut und Mecky

Inhalt

Vorwort

Ethik muß einfach sein. So einfach, daß die Menschen sie nicht nur rational, sondern auch emotional verstehen. Zum Beispiel: »Was du nicht willst, daß man dir tu', das füg' auch keinem andern zu.« Jeder weiß und fühlt sofort, was gemeint ist.

Ethik darf aber auch nicht zu einfach, so allgemein sein, daß sie unverbindlich und nichtssagend wird. Zum Beispiel: »Du sollst nicht töten.« Wen töten? Warum töten? Unter welchen Umständen töten? Es ist ja, zum Beispiel, ein Unterschied, ob ich zum Spaß oder in Notwehr töte! Die Argumente in diesem Buch bewegen sich auf dem schmalen Grat zwischen einfach und zu einfach.

Ziel dieser Arbeit ist ein zweifaches: Die bereits moralisch Handelnden zu ermutigen weiterzumachen. Und die Phrasendrescher an den Universitäten und an den Stammtischen zum Schweigen, nach Möglichkeit zum Denken, vielleicht sogar zum Handeln zu bringen.

Helmut F. Kaplan

Einleitung

»Wie die Hausfrau, die die Stube gescheuert hat, Sorge trägt, daß die Türe zu ist, damit ja der Hund nicht hereinkomme und das getane Werk durch die Spuren seiner Pfoten entstelle, also wachen die europäischen Denker darüber, daß ihnen keine Tiere in der Ethik herumlaufen.«

»Wir müssen kämpfen gegen den Geist der naiven Grausamkeit, mit der wir mit den Geschöpfen verfahren. Die Religionen und die Philosophie haben sich nicht mit diesem Problem unseres Verhaltens gegen die Geschöpfe beschäftigt, sondern nur mit dem dem Menschen gegenüber.«

Diese Worte Albert Schweitzers zum ebenso beharrlichen wie skandalösen Schweigen der Philosophie zum Thema Tier sind Gott sei Dank nicht mehr aktuell – zumindest global gesehen: Heute gibt es eine Philosophie, die sich mit unseren Pflichten gegenüber Tieren befaßt (nämlich die Philosophie der Tierrechtsbewegung). Diese Tatsache kann in ihrer historischen Bedeutung überhaupt nicht überschätzt werden. Niemand kann mehr sagen: »Tiere sind nicht wichtig, die kommen in der Philosophie überhaupt nicht vor.«

Jetzt, nachdem der moralische Status von Tieren als seriöses und legitimes Thema anerkannt ist, gibt es aber – neben dem konkreten praktischen Handeln – etwas, was mindestens ebenso wichtig ist wie philosophische Theorien: die souveräne Entkräftung von »spontanen« Einwänden gegen den moralischen Status von Tieren. Die unerläßliche tägliche »Überzeugungsarbeit« steht und fällt mit der qualifizierten Behandlung dieser Einwände, denn diese haben für die Menschen, die sie vorbringen, eine psychologische Abwehrfunktion: sie dienen dazu, Tierleiden und Tierrechte erst gar nicht an sich heranzulassen. Wenn solche Einwände widerlegt werden, ist die seelische Schutzmauer zumindest beschädigt und damit die Möglichkeit gegeben, Ernsthaftigkeit und »Betroffenheit« herzustellen. Etwas anderes als diese Einwände haben die Menschen

Tierrechten ohnehin nicht entgegenzusetzen. Das heißt: Wenn man gegen diese Einwände sachlich argumentiert, kann man sein Gegenüber rational widerlegen – wenn auch vielleicht noch nicht gefühlsmäßig überzeugen. Das Wichtigste und Wirksamste an diesem Ad-hoc-Vorgehen ist aber dies: Man muß die Menschen nicht erst zu irgendwelchen neuen moralischen Positionen bekehren, weil man zeigen kann, daß ihr Verhalten gegenüber Tieren de facto ihren *vorhandenen* Überzeugungen und Einstellungen widerspricht.

Im ersten Abschnitt (»Argumente«) werden die wichtigsten und häufigsten Einwände gegen einen verantwortlichen, moralischen Umgang mit Tieren behandelt. Danach (»Zitate«) werden Aussagen bedeutender Persönlichkeiten vorgestellt, die zeigen, daß die Idee von Tierrechten weder neu, geschweige denn abwegig, sondern vielmehr im Grunde selbstverständlich ist.

ARGUMENTE

Ausbeutung

»Die Ausbeutung von Tieren in unserer Gesellschaft mag ja schlimm sein. Aber die Ausbeutung, Benachteiligung und Mißhandlung von Kindern ist noch viel schlimmer. Es wäre schön, wenn über das Wohl unserer Kinder ebenso lebhaft diskutiert und gestritten würde wie über das Wohl der Tiere!«

Diese und ähnliche Aussagen gelten unter »fortschrittlichen Intellektuellen« als ultimativer Nachweis »kritischen Denkens«. Sie bilden den unverzichtbaren Bestandteil aller Schlußbemerkungen zu Berichten über den Mißbrauch von Tieren. Wenn wir aber genau hinsehen, erkennen wir, daß der Ausbeutung von Schwachen stets dasselbe Denk- und Handlungsmuster zugrundeliegt – egal, ob es sich um Schwarze, Frauen, Behinderte, Kinder – oder Tiere handelt!

Bekehrungseifer

»Wenn jemand kein Fleisch essen will, so ist das natürlich völlig in Ordnung und sein gutes Recht. Das Lästige und Unerträgliche an diesen fanatischen Vegetariern ist nur, daß sie immer gleich alle überzeugen und bekehren wollen.«

Es geht überhaupt nicht darum, jemanden bekehren zu wollen. Es geht ausschließlich darum, die Menschen zu ermuntern, sich über die Fakten zu informieren.

Und die Fakten im Zusammenhang mit dem Fleischessen sind nun einmal diese:
– Wir quälen die Tiere.
– Wir ruinieren unsere Gesundheit.
– Wir zerstören unsere Umwelt.
– Wir sind schuld an Millionen von heutigen und Milliarden von zukünftigen Hungertoten.

Bildung

»Vegetarier sind ungebildete und weltfremde Sektierer und Spinner.«

Tatsächlich trifft das Gegenteil zu: Je höher die Bildung, desto geringer der Fleischkonsum. Dies ist das Ergebnis einer großangelegten Studie der Weltgesundheitsorganisation WHO.

Biologie

»Der Mensch ist schon rein biologisch gesehen kein Vegetarier. Deshalb brauchen wir uns hinsichtlich der moralischen Richtigkeit oder Falschheit des Vegetarismus erst gar keine Gedanken zu machen.«

»Biologisch gesehen« ist der Mensch sehr vieles nicht. Er ist zum Beispiel auch kein Brillenträger oder Bücherleser. »Biologisch gesehen« sind wir nämlich Steinzeitmenschen, seit mindestens 30 000 Jahren organisch, das heißt körperlich als Art völlig unverändert.

Dennoch hat sich seit der Steinzeit einiges geändert. Heute können wir Brillen tragen, Bücher lesen usw. Und das scheint auch kein Widerpruch oder Problem zu sein. Jedenfalls habe ich noch niemanden sagen hören: »Warum liest du ein Buch – das haben wir in der Steinzeit auch nicht gemacht!«

Darüber hinaus gibt es viele »unnatürliche« Dinge, die wir heute nicht nur tun können, sondern von denen wir überzeugt sind, daß wir sie tun sollen. Banales Beispiel: Wenn ein Kind eine Blinddarmentzündung hat, sind wir der Meinung, daß es operiert werden soll, obwohl dies offensichtlich eine höchst »unnatürliche« Sache ist. »Biologisch« ist der Mensch nämlich auch kein operierendes Wesen, wir benötigen dazu eine Unmenge von »künstlichen« Hilfsmitteln!

Der Grund, warum biologische Wesensbestimmungen des Menschen unsinnig sind, liegt auf der Hand: Das Wesentliche am Menschen sind nicht seine biologischen Grundlagen, sondern das, was er aus ihnen macht.

Die gesamte menschliche Entwicklung seit der Steinzeit ist eben *nicht* eine biologische. Vielmehr ist alles, worin wir uns heute vom Steinzeitmenschen unterscheiden – vom Putzen unserer Zähne bis zur Anerkennung der Menschenrechte –, das Ergebnis einer *kulturellen* Entwicklung!

Deshalb ist der Hinweis auf die »ursprüngliche, natürliche« Ernährung des Menschen – wie auch immer sie ausgesehen haben mag – unsinnig und inkonsequent.

13

Biologische Tierzucht

»Die Entwicklung in der Tierzucht geht doch ohnehin in die richtige Richtung: Die biologische Tierzucht, die vielerorts schon praktiziert wird, liefert nicht nur gutes Fleisch für die Menschen, sondern garantiert auch eine artgerechte Haltung und schmerzfreie Tötung der Tiere. Jetzt müssen nur noch alle Betriebe auf diese Produktionsform umgestellt werden – und alles ist in bester Ordnung: Die Menschen bekommen gesundes Fleisch, und die Tiere haben ein leidensfreies Leben.«

Auch die sogenannte »biologische« Tierzucht ist meilenweit von einer leidensfreien Tierzucht entfernt:

Das Motiv, »biologische« Tierzucht zu betreiben, ist kein ethisches, sondern ein ökonomisches: das Füllen der Marktlücke in bezug auf »gesundes«, »natürliches«, eben »biologisches« Fleisch.

Die Menschen, die »biologische« Tierzucht betreiben, sind zu einem Großteil dieselben, die früher »normale« Tierzucht betrieben haben, oder, schlimmer noch, noch immer betreiben. Wir haben es mit Menschen zu tun, die entweder auf »biologische« Tierzucht »umgesattelt« haben oder die »biologische« und »normale« Tierzucht parallel betreiben. Was dies hinsichtlich der Einstellung gegenüber den Tieren bedeutet, liegt auf der Hand. Um ein Bild zu gebrauchen: Es handelt sich hier um Folterknechte, die sich zu Kindergärtnern umschulen ließen und die jetzt womöglich auch noch beide Berufe gleichzeitig ausüben!

Auch diese Tiere müssen geschlachtet werden, bevor ihr Fleisch auf unseren Teller kommen kann! Und die »biologische« Tierzucht unterscheidet sich, wie schon der Name sagt, von der »üblichen« Tierzucht vor allem in bezug auf die Aufzucht, nicht in bezug auf die Schlachtung! Und das ist auch nur konsequent, geht es doch hier nicht darum, die Tiere glücklich zu machen – dafür gäbe es vielleicht bessere Methoden, als sie umzubringen –, sondern darum, die Menschen mit »gutem« Fleisch zu versorgen. Und dabei spielt die Aufzucht nun einmal eine wichtigere Rolle als die

Schlachtung. Deshalb ist auch die Schlachtung bei der »biologischen« Tierzucht alles andere als biologisch – ganz abgesehen davon, daß »biologische Schlachtung« schon begrifflich ein völliger Unsinn ist.

Im Zusammenhang mit der »biologischen« Tierzucht kommt oft der merkwürdige, erstaunlicherweise aber tatsächlich ernstgemeinte Hinweis, daß diese Tiere vor ihrem Tod doch immerhin ein »glückliches Leben« gehabt hätten. Aber ist das ein Grund, sie umzubringen? Das ist so, wie wenn sich ein Mörder damit rechtfertigen würde, daß er bei der Auswahl seiner Opfer stets darauf geachtet habe, daß diese ein »glückliches Leben« gehabt haben!

Christentum

»Gott hat den Menschen ausdrücklich über die Tiere gestellt und ihm erlaubt, sie für seine Zwecke zu nutzen.«

Tierrechte haben wie Menschenrechte nur dann einen Sinn, wenn sie universell gelten, das heißt unabhängig von den religiösen, kulturellen oder gesellschaftlichen Vorstellungen bestimmter Gruppen. Schließlich leidet ein Tier, das von einem Christen gefoltert wird, nicht weniger oder anders als eines, das von einem Juden, Muslim oder Atheisten gefoltert wird. In einer säkularen, pluralistischen und demokratischen Gesellschaft können religiöse Glaubensvorstellungen niemals Allgemeinverbindlichkeit beanspruchen, geschweige denn als Grundlage der Gesetzgebung dienen.

Differenz

»Die moralischen Vergleiche zwischen Menschen und Tieren, die von Tierschützern und Tierrechtlern immer wieder angestellt werden, sind absurd. Zwischen Menschen und Tieren gibt es doch ganz erhebliche Differenzen. Hier Parallelen ziehen zu wollen, zeugt von blindem Fanatismus und fortgeschrittenem Realitätsverlust.«

Natürlich gibt es zwischen Menschen und Tieren viele Differenzen. Aber die gibt es auch zwischen verschiedenen Menschen: Es gibt große und kleine, dicke und dünne, gescheite und dumme Menschen usw. Aber die entscheidende Frage ist natürlich: Sind diese und Tausende andere Unterschiede unter den Menschen moralisch relevant? Ist es moralisch bedeutsam, wenn jemand eine andere Schuhgröße, Kopfform oder Frisur hat?

Und das ist auch bei den Mensch-Tier-Vergleichen der springende Punkt: Sind die ohne Zweifel vorhandenen Differenzen zwischen Menschen und Tieren moralisch relevant? Gibt es einen Unterschied zwischen Menschen und Tieren, der die übliche und als selbstverständlich empfundene unterschiedliche Bewertung und Behandlung von Menschen und Tieren moralisch rechtfertigen kann? Worin soll dieser Unterschied bestehen? In der unterschiedlichen Behaarung oder Zahl der Beine? Aber diese Differenzen liefern wohl keine Rechtfertigung dafür, unschuldige Lebewesen zu Tode zu foltern! Oder ist es die höhere Intelligenz des Menschen, die den entscheidenden Unterschied zwischen Menschen und Tieren markiert? Aber warum soll man jemanden quälen dürfen, weil er weniger intelligent ist! Oder ist es die unsterbliche Seele des Menschen, die unseren heutigen Umgang mit Tieren rechtfertigen könnte? Aber *wielange* ein Wesen lebt, ist doch für die Frage, wie wir es behandeln, *während* es lebt, völlig bedeutungslos! (So wäre es zum Beispiel unsinnig zu sagen: »Diesem verletzten Hund brauchen wir nicht zu helfen, denn der wird ohnehin nicht ewig leben.«) Und wenn wir tatsächlich eine unsterbliche Seele haben, dann haben wir auch Aussicht auf eine ausgleichende Gerechtigkeit im Jen-

17

seits, die Tiere nicht haben! Wenn daher aus dem Unsterblichkeitsargument irgendetwas folgt, dann eher dies: Wir sollten Tiere *besser* behandeln als Menschen, weil sie nur dieses *eine* Leben haben!

Es gibt in Wirklichkeit keinen Unterschied zwischen Menschen und Tieren, der unsere Behandlung von Tieren rechtfertigen könnte. »Die Frage ist nicht: können sie *denken*? oder: können sie *sprechen*?, sondern: können sie *leiden*?« schrieb der englische Philosoph Jeremy Bentham ganz zu Recht in bezug auf fühlende Lebewesen. Die Leidensfähigkeit der Tiere ist der entscheidende Grund, warum es falsch ist, sie so zu behandeln, wie wir sie behandeln!

Und selbst wenn der Mensch auf geheimnisvolle Weise moralisch höherwertig wäre: Gäbe das ihm das Recht, die Tiere auszubeuten? Würde nicht genau dies seine Höherwertigkeit zunichte machen?

Eigene Erfahrung

»Kennen Sie die Dinge, die Sie so leidenschaftlich kritisieren – Schlach-
tungen, Tierversuche usw. –, eigentlich aus eigener Erfahrung?«

Nein, aber ich habe auch noch niemanden umgebracht oder gefoltert und bin dennoch gegen Folter und Todesstrafe.

Wenn wir nur verurteilen dürften, was wir selbst schon gesehen
oder gar getan haben, müßte unsere Rechtsprechung in den Händen von Verbrechern liegen.

Einzelner

»Es hätte gar keinen Sinn, wenn ich jetzt Vegetarier werden würde. Alle anderen würden ja doch weiterhin Fleisch essen, und für die Tiere würde sich de facto überhaupt nichts ändern. Mein Verzicht auf Fleisch würde doch gar nicht ins Gewicht fallen.«

Dies ist moralisch gesehen eine recht eigenartige Argumentationsweise: Auf der Welt werden täglich Tausende von Menschen umgebracht. Es fiele also auch überhaupt nicht ins Gewicht, wenn ich auch noch jemanden umbringen würde. Dennoch denken und handeln wir nicht so!

Die Fleischindustrie ist keineswegs der einzige Bereich, in dem Dinge, die wir verurteilen, passieren, ohne daß wir sie durch unser Handeln direkt beeinflussen können. Beim Wettrüsten war es zum Beispiel genauso. Was haben wir da gemacht? Wir haben dagegen demonstriert!

Fleisch zu verweigern, ist auch eine Art Demonstration: Wir demonstrieren damit, daß wir es falsch finden, Tiere für so banale Zwecke wie unsere Geschmacksvorlieben leiden und sterben zu lassen. Fleisch zu verweigern ist hier aber nicht irgendeine Demonstration, sondern die einzig glaubwürdige und das heißt die einzig erfolgversprechende Demonstration: Kein Mensch kann einen anderen Menschen von der Richtigkeit einer Sache überzeugen, die er selbst nicht praktiziert!

Keine der großen historischen Bewegungen gegen Unrecht und Unterdrückung wäre je entstanden, geschweige denn erfolgreich gewesen, wenn sich deren Vertreter erst engagiert hätten, als sie sich des Erfolges schon sicher waren.

Bei den NS-Verbrechen und bei allen anderen großen Verbrechen der Menschheit lautete der spätere Rechtfertigungsversuch der Täter und Mittäter stets gleich: »Was hätte ich als einzelner tun sollen? Auf mich ist es doch gar nicht angekommen!«

Fakten

»Schon allein die harten Fakten sprechen doch gegen den Vegetarismus und für das Fleischessen: Ohne Fleisch könnten wir die immer größere Zahl von Menschen auf der Welt nicht ernähren. Ohne Fleischproduktion gäbe es die Landwirtschaft nicht, die für die Aufrechterhaltung des ökologischen Gleichgewichts unserer Kulturlandschaften notwendig ist. Und ohne Fleisch wäre vor allem unsere Ernährung einseitig und ungesund.«

Dies sind keine Fakten, sondern Irrtümer, die von der Wissenschaft längst als solche entlarvt wurden:

Fleisch lindert nicht Hunger, sondern Fleisch erzeugt Hunger: Die Tiere, deren Fleisch wir essen, benötigen 90 Prozent des Futters, das wir ihnen geben, zur Aufrechterhaltung ihres eigenen Stoffwechsels. Das heißt: Wenn wir selbst Pflanzen essen würden, anstatt sie an Tiere zu verfüttern, um dann deren Fleisch zu essen, dann könnten wir zehnmal soviele Menschen ernähren!

Darüber hinaus fördert unser Fleischessen auch die regionale Verelendung in der Dritten Welt: Dort steht die landwirtschaftliche Nutzfläche vieler Länder nicht für die Versorgung der einheimischen Bevölkerung zur Verfügung, weil darauf Futtermittel für unsere Fleischproduktion angebaut werden. Der Ausspruch »Das Vieh der Reichen frißt das Brot der Armen« bringt diese Tatsache auf eindrucksvolle Weise zum Ausdruck.

Die Fleischproduktion hat verheerende Folgen für die Umwelt: Weil die Fleischproduktion eine so ineffiziente Art der Nahrungsmittelproduktion ist (90 Prozent der Nahrungsressourcen gehen dabei, wie gesagt, für den Menschen verloren), muß aus den Böden das Letzte herausgeholt werden. Und dies geschieht mit massivem Chemieeinsatz – mit Kunstdüngern und sogenannten Pflanzenschutzmitteln. Diese verseuchen das Grundwasser und haben katastrophale Auswirkungen auf die menschliche Gesundheit.

Um die großen Mengen an Fleisch zu erzeugen, die konsumiert werden, bedarf es vieler Tiere. Und viele Tiere erzeugen viele Exkremente, die sogenannte Gülle. Dieses flüssige Gemisch aus Harn und Kot hat ebenfalls verheerende ökologische Folgen – unter anderem, wiederum: die Verseuchung des Grundwassers.

Die Gewinnung von Land für die Rinderzucht, also für die Fleischproduktion, ist eine der Hauptursachen für die Zerstörung des tropischen Regenwaldes. Diese führt ihrerseits zu Flut- und Dürrekatastrophen und forciert den Treibhauseffekt.

Die negativen ökologischen Folgen der Fleischproduktion sind im wahrsten und doppelten Sinn unübersehbar. Weitere Auswirkungen sind zum Beispiel die enorme Energie- und Wasserverschwendung im Zuge der Fleischerzeugung.

Eine vegetarische Ernährung ist unvergleichlich gesünder als die übliche »Mischkost« mit Fleisch: Das früher allgegenwärtige Märchen von der gesundheitlichen Überlegenheit oder gar Notwendigkeit einer Ernährung mit Fleisch wird nur mehr von der Fleischindustrie verbreitet. In Italien wird es künftig sogar verboten sein zu behaupten, daß Fleisch für eine gesunde Ernährung notwendig sei. In den USA hat das Komitee für verantwortungsvolle Medizin Fleisch nicht mehr als »Grundnahrungsmittel«, sondern als »Genußmittel« eingestuft.

Im Gegensatz zur Mär von den gesundheitlichen Vorteilen des Fleischessens gilt es in der Ernährungswissenschaft längst als gesicherte Erkenntnis, daß man um so gesünder lebt, je *weniger* Fleisch man ißt. Dies ist auch das Ergebnis von drei großangelegten Langzeitstudien mit Vegetariern, die am Deutschen Bundesgesundheitsamt Berlin, am Deutschen Krebsforschungsinstitut in Heidelberg und an der Universität Gießen durchgeführt wurden.

Fanatismus

»Tierrechtler mögen mit mancher Kritik ja sogar recht haben. Aber sie sind so fürchterlich fanatisch. Das schreckt die Menschen doch nur ab!«

Der Vorwurf des Fanatismus enthüllt einen Wahrnehmungsfehler auf seiten derer, die diesen Vorwurf erheben: die völlige Verkennung der Bedeutung und Tragweite der Massaker an Tieren. Einen engagierten Tierrechtler als fanatisch zu denunzieren, ist ebenso unsinnig, wie einen Menschenrechtler als fanatisch zu bezeichnen, weil er sich gegen Folter und Todesstrafe engagiert.

Gesetzesbruch

»Tierrechtler fordern zum Gesetzesbruch auf. Damit kann sich doch kein verantwortungsbewußter Mensch identifizieren!«

Für das Gute muß man immer und überall kämpfen – ob mit, ohne oder gegen das Gesetz. Selbstverständlich fallen juristische und moralische Legitimität nicht immer zusammen. Man denke nur an die Sklaverei! Auch zu Beginn der Sklavenbefreiung haben sich viele gegen das Gesetz gestellt, indem sie Sklaven zur Flucht verhalfen oder flüchtige Sklaven versteckten.

Hitler

»Hitler war ja auch Vegetarier – keine gute Gesellschaft, in der sich die fanatischen Tierschützer da befinden!«

Unleugbare Tatsache ist, daß sich viele Persönlichkeiten der Weltgeschichte ausdrücklich zum Vegetarismus bekannt haben.

Daß darüber hinaus auch einige Verrückte Vegetarier waren, ist weder ein Problem noch ein Widerspruch: auch Verrückte können mal was Vernünftiges sagen! Wenn ein Verrückter sagt: drei mal drei ist neun – sollen wir deshalb das Einmaleins ändern?

Ephraim Kishon hat den Unsinn dieser Argumentation auf den Punkt gebracht: »Hitler war ein leidenschaftlicher Nichtraucher; soll ich deshalb jetzt zum Kettenraucher werden, um meinen Antifaschismus zu beweisen?«

Humorlosigkeit

»Sobald es um Tiere geht, sind diese fanatischen Tierschützer völlig humorlos und verbohrt. Wenn sie die Dinge etwas lockerer angingen, würden sie viel mehr erreichen.«

Es gibt Dinge, über die ein anständiger Mensch nicht lacht und nicht lachen kann: zum Beispiel über Judenwitze. Sich an fremdem Leiden zu belustigen, zeugt nicht von Humor, sondern von Charakterlosigkeit.

Inkonsequenz

»Vegetarier sind in Wirklichkeit doch selbst nicht konsequent. Wären sie es, so müßten sie auf der Stelle Selbstmord begehen, denn ein Leben ohne Nutzung von Tieren ist gar nicht möglich.«

Wer selbst für die Tiere gar nichts tut, hat nicht das moralische Recht, jenen, die viel tun, vorzuwerfen, daß sie nicht alles tun.

In einer Welt, die durch und durch auf der Ausbeutung von Tieren aufgebaut ist, ist absolute Konsequenz in der Tat unmöglich. Zur Verdeutlichung einige Parallelen:

– In einer Sklavengesellschaft, in der alles – also auch die medizinische Versorgung und die gesamte Wirtschaft – auf Sklaverei aufgebaut ist, würde auch jeder, und wäre er noch so dagegen, automatisch die Sklaverei unterstützen.

– Wer den Lichtschalter anknipst, unterstützt damit automatisch die Atomindustrie (sofern das Land, in dem er lebt, Strom auch aus Atomkraftwerken bezieht).

– Wer zum Arzt geht, unterstützt damit automatisch Tierversuche (weil Tierversuche ein integrierender Bestandteil der heutigen Medizin sind).

Was folgt aus diesen Beispielen?

– Es folgt nicht, daß wir »das Kind mit dem Bad ausschütten« und sagen dürfen: »Weil ich nicht ganz konsequent leben kann, bemühe ich mich gleich überhaupt nicht, richtig zu leben.«

– Jeder muß selbst ernsthaft und verantwortlich entscheiden, wie weit er mit seiner Konsequenz gehen kann und will.

– Es gibt Mißstände, die sinnvollerweise nicht mit persönlichem Boykott, sondern mit politischem Protest bekämpft werden sollen (eben zum Beispiel Protest gegen Atomkraftwerke trotz Stromnutzung; Protest gegen Tierversuche trotz Arztbesuch).

Intoleranz

»Vegetarier sind in Wirklichkeit ganz schön intolerant: Nur weil sie sich selbst für eine fleischlose Ernährung entschieden haben, wollen sie gleich alle anderen Menschen zwangsbeglücken und ebenfalls zu Fleischverächtern machen. Da sollten sich die Vegetarier an den Fleischessern ein Vorbild nehmen. Die akzeptieren und respektieren nämlich ohne Wenn und Aber, daß Vegetarier kein Fleisch essen wollen. In einer freien, pluralistischen und demokratischen Gesellschaft sollte es eigentlich eine Selbstverständlichkeit sein, daß jeder das ißt, wozu er Lust hat!«

Da gibt es nun doch einen kleinen Unterschied: Fleischesser leben auf Kosten von anderen leidensfähigen Lebewesen, die für sie barbarisch zu Tode gequält werden. Vegetarier nicht. Toleranz gegenüber Fleischessern zu fordern, ist ebenso absurd und obszön, wie Toleranz gegenüber Vergewaltigern oder Mördern zu fordern: Die Toleranz gegenüber Andersdenkenden hört dort auf, wo die Interessen Dritter mit Füßen getreten werden!

Jagd I

»Der Mensch geht seit urdenklichen Zeiten auf die Jagd. Diese ist ein in Jahrtausenden gewachsenes Kulturgut und gehört ebenso zum Menschen wie Ackerbau und Viehzucht. Warum sollte das Jagen jetzt auf einmal falsch sein?«

Die Jagd ist heute ein Anachronismus, weil die Zivilisation die Jagd als Quelle von Nahrung und anderen unersetzlichen Produkten längst überflüssig gemacht hat. Die Jagd ist ebenso unzeitgemäß wie es körperverstümmelnde Strafen oder die Tötung von Neugeborenen als Mittel der Geburtenkontrolle sind.

Mehr noch: Die Jagd und die Versuche, sie zu verteidigen, erwecken oft sogar den Anschein einer ansteckenden Geisteskrankheit. Denn der Versuch, den gemeinsten und primitivsten menschlichen Impuls, die Mordlust, zu einer Kulturleistung umzudeuten, mobilisiert naturgemäß immense irrationale Kräfte.

Jagd II

»Die strengen Regeln der Waidgerechtigkeit sorgen dafür, daß bei der Ausübung der Jagd alles mit rechten Dingen zugeht und die Tiere nicht unnötig leiden müssen. Die Waidgerechtigkeit gewährleistet einen raschen und schmerzlosen Tod. Deshalb ist die Tötung durch den Jäger für die Tiere oft geradezu ein Segen, da der ›natürliche‹ Tod, zum Beispiel durch Verhungern oder durch ein anderes Tier, oft mit viel mehr Leiden verbunden ist.«

Bei der Jagd geht es immens grausam zu. Das verrät schon die Sprache der Jäger, die von zynischen, unverfrorenen und frivolen Verharmlosungen nur so strotzt. Da wird den Tieren nicht der Bauch aufgeschlitzt, sondern sie werden »aufgebrochen«; halbtote Tiere werden nicht erstochen, sondern »abgeknickt« usw.

Dabei handelt es sich bei den Grausamkeiten der Jagd keineswegs stets um Unfälle, Ungeschicklichkeiten oder Verstöße gegen die »Waidgerechigkeit«. Vielmehr geschehen viele Grausamkeiten bei der Jagd gerade *wegen* der »Waidgerechtigkeit«!

So fordert die »Waidgerechtigkeit« zum Beispiel, daß die Tiere eine realistische Chance zum Entkommen haben müssen. Auf Hasen darf deshalb nur geschossen werden, wenn sie laufen, auf Vögel meist nur, wenn sie fliegen. Das bedeutet aber, daß viele Schüsse ihr Ziel verfehlen und die Tiere nicht töten, sondern nur schwer verletzen – mit grauenvollen Folgen: Bäuche werden aufgeschlitzt, so daß die Eingeweide heraushängen, Beine werden abgeschossen, Augen werden ausgeschossen, Unterkiefer werden zerschmettert, Geschlechtsorgane werden zerfetzt usw.

Wenn das Tier Glück hat, wird es vom Jäger oder seinem Hund gefunden und von seinem entsetzlichen Leiden erlöst. Allerdings oft erst nach langer, höllischer Wartezeit in schwerverletztem und völlig hilflosem Zustand. Aber auch dann erfolgt der Tod nicht etwa durch einen gezielten Schuß, sondern durch Genickbruch oder Erstechen – was alles »waidgerecht« ist!

Die bestialischen Grausamkeiten bei der Jagd sind im wahrsten

Sinne des Wortes unbeschreiblich. Deshalb soll auf einige weitere fürchterliche Fakten nur stichwortartig verwiesen werden: Bei der Fallenjagd gehen die Tiere mit zerschlagenen Gliedern oder zerquetschten Organen langsam elend zugrunde; die Ausbildung von Jagdhunden erfolgt an lebenden Katzen und flügellahm gemachten Enten; bis ein Jäger die ohnehin barbarischen und brutalen »waidgerechten« Tötungsmethoden beherrscht, braucht er sehr viel Übung …

Jagd III

»Jagd ist angewandter Naturschutz. In unserer heutigen Zivilisation gibt es kein natürliches ökologisches Gleichgewicht mehr. Durch die Eingriffe des Menschen in die Umwelt sind die Selbstregulierungskräfte der Natur unwiederbringlich verloren gegangen. Deshalb muß der Jäger in das ökologische Gefüge eingreifen, um das Gleichgewicht wiederherzustellen bzw. aufrechtzuerhalten.«

Sämtliche tatsächlichen und vorgeblichen ökologischen Ungleichgewichte, die jetzt die Jagd angeblich notwendig machen, haben die Menschen geschaffen, nicht die Tiere. Daher ist es in höchstem Maße ungerecht und ungerechtfertigt, diese Ungleichgewichte nun auf dem Rücken der Tiere bereinigen zu wollen.

Es ist unzulässig, eine jahrtausendelange Entwicklung, in deren Verlauf wir den Tieren systematisch und brutal ihren Lebensraum geraubt haben, auszublenden und nur den Status quo zu betrachten.

Tatsächlich ist die Jagd aber ökologisch ohnehin nicht nur nicht notwendig, sondern sogar extrem schädlich: Hege und Jagd erfolgen nämlich gegen ökologische Notwendigkeiten und orientieren sich ausschließlich an den eigennützigen Interessen der Jäger. So wird zum Beispiel durch Hege und Jagd die natürliche Selektion vorsätzlich außer Kraft gesetzt. Und Ziel des Jägers ist nicht, das ökologische Gleichgewicht wiederherzustellen, sondern möglichst viele prächtige Trophäen zu erlangen.

Im übrigen wäre der Jäger auch in keiner Weise fähig, positiv regulierend in das ökologische Gefüge einzugreifen. Allen großspurigen gegenteiligen Beteuerungen zum Trotz fehlen ihm dazu die grundlegenden biologischen Kenntnisse. Und was die ökologischen Zusammenhänge betrifft, sind diese so komplex, daß selbst die zuständigen Wissenschaften bislang nur über rudimentäre Kenntnisse verfügen. So gesehen gleicht das Bestreben, mit Gewehr und Falle das ökologische Gefüge »nachzujustieren«, dem Versuch, einen Mikrochip mit Rohrzange und Vorschlaghammer in seiner Funktion zu »verbessern«!

30

Die Wildschäden nach Abschaffung der Jagd wären viel geringer als immer behauptet wird. Denn:

– durch den Verzicht auf die Hege gäbe es viel weniger Tiere;

– diese wenigeren Tieren würden sich auf einen größeren Raum verteilen, weil sie sich nicht mehr so vor dem Menschen und seiner Nähe fürchteten;

– diese wenigeren Tiere müßten weniger auf Kulturpflanzen (Getreide, Gemüse) ausweichen, weil sie eher mit ihren natürlichen Nahrungsquellen (zum Beispiel auf landwirtschaftlich nicht genutztem Gelände in der Nähe menschlicher Siedlungen) ihr Auskommen fänden.

Die Kosten zur Vermeidung bzw. Beseitigung von Wildschäden nach Abschaffung der Jagd könnten problemlos aufgebracht werden, da durch die Abschaffung der Jagd erhebliche Geldmittel frei würden: die Kosten der Jagd selbst (Hundehaltung, Munition, Ausrüstung usw.) und die Kosten der Folgeschäden der Jagd durch Überhege – zum Beispiel durch Autounfälle mit Wild. Diese würden seltener, weil es weniger Tiere gäbe und diese wenigeren Tiere weniger verängstigt wären und daher weniger panisch reagieren würden.

Es gibt durchaus auch humane Methoden, um Wild aus menschlichen Kulturen fernzuhalten, zum Beispiel Elektrozäune, akustische Abschreckungsmöglichkeiten usw. Man denke nur an die Spezialisten der Einbruch- und Diebstahlsicherung, für die es eine Kleinigkeit wäre, humane und effiziente Lösungen zu erarbeiten. Wenn wir zum Mond fahren können, werden wir auch Wildschäden auf zivilisierte Weise in den Griff bekommen können! Ein Reh zu erschießen, weil es an einem Baum knabbert, ist ebenso unnötig, unangemessen und barbarisch, wie ein Kind zu erschießen, weil es im Supermarkt einen Schokoriegel geklaut hat!

Kurzantworten

»Fleisch zu essen ist doch ganz natürlich und normal. Warum essen Sie eigentlich kein Fleisch?«

Würden Sie Ihre Katze umbringen und aufessen? Warum nicht?

Die Fakten im Zusammenhang mit dem Fleischessen sprechen für sich: Wir verursachen den Tieren unendliches Leid. Wir tun dies ohne die geringste Notwendigkeit.

Wer keine Tiere quält und umbringt, braucht sich ebensowenig zu rechtfertigen wie derjenige, der keine Menschen quält und umbringt. Es ist geradezu pervers, von demjenigen eine Rechtfertigung zu verlangen, der *nicht* täglich erst durch Blut waten und über Leichen gehen muß, um seinen Mittagstisch zu erreichen.

Begründen muß man nicht, warum man Vegetarier ist, sondern warum man *nicht* Vegetarier ist.

Rechtfertigen muß sich derjenige, der unschuldige Lebewesen quält und umbringt, nicht derjenige, der dies *nicht* tut.

KZ-Vergleiche

»Tierrechtler gefallen sich darin, moderne Haltungseinrichtungen in Tierfarmen, Zoologischen Gärten usw. als KZs zu bezeichnen. Dies ist eine Pietätlosigkeit ohnegleichen und eine unerträgliche Verhöhnung derer, die tatsächlich in Konzentrationslagern eingesperrt waren.«

Die KZ-Vergleiche stammen nicht von rabiaten Tierrechtlern, sondern von jenen, die in den KZs, als Individuen und Kollektiv, am meisten gelitten haben: von Juden. So schrieb etwa der jüdische Nobelpreisträger Isaac Bashevis Singer: »Wo es um Tiere geht, wird jeder zum Nazi ... Für die Tiere ist jeden Tag Treblinka.«

So ist es auch nicht verwunderlich, daß die empörten Proteste gegen diese KZ-Vergleiche regelmäßig von Menschen kommen, die selbst kein KZ erlebt haben. Diejenigen, die KZs aus eigener leidvoller Erfahrung kennen, stehen diesen Vergleichen in aller Regel sehr positiv gegenüber.

Leidensfähigkeit

»Solange nicht wissenschaftlich eindeutig bewiesen ist, daß Tiere überhaupt leiden können, brauchen wir uns weder über das Fleischessen noch über sonstige Fragen unseres Umgangs mit Tieren Gedanken zu machen.«

Die Leidensfähigkeit von anderen Lebewesen – seien es nun Menschen oder Tiere – kann strenggenommen *nie* bewiesen werden. Denn unser Wissen über das Erleben anderer beruht immer auf Analogieschlüssen: Aus der Tatsache, daß diese uns *äußerlich* (zum Beispiel in bezug auf Verhalten und Physiologie) ähnlich sind, schließen wir vernünftigerweise, daß sie auch Ähnliches *erleben*. Aber letztlich sind alle subjektiven Erlebnisse an das jeweilige Subjekt gebunden und wir haben keine Möglichkeit des direkten Zugangs zu diesen Erlebnissen.

Alle Vernunft und alle Fakten sprechen aber *für* die Leidensfähigkeit von Tieren:

– Tiere verhalten sich in vergleichbaren Situationen ähnlich wie Menschen. Insbesondere verhalten sich Tiere in Situationen, die uns Schmerz verursachen, so, wie auch wir uns in solchen Situationen verhalten.

– Die Nervensysteme aller höheren Tiere sind einander sehr ähnlich.

– Sowohl bei Menschen als auch bei Tieren hat die Leidensfähigkeit einen evolutionären Nutzen: Schmerzen veranlassen Lebewesen dazu, Verletzungsquellen zu meiden. Die Leidensfähigkeit der Tiere ergibt sich also auch aus evolutionstheoretischen Überlegungen.

»Menschen zuerst!«

»Solange es auf der Welt so viel menschliches Leid gibt, ist es unverantwortlich, Zeit und Energie für Tierschutzfragen zu verschwenden. Die Menschen kommen zuerst!«

Wer sich über Tiere und deren Probleme nicht zunächst einmal genau informiert, kann überhaupt nicht beurteilen, ob diese Probleme weniger wichtig sind als die Probleme der Menschen.

»Die Menschen kommen zuerst!« ist in aller Regel keine ernstgemeinte moralische Bewertung, sondern eine psychologische Schutzbehauptung, ein Vorwand dafür, *weder* für Tiere *noch* für Menschen etwas zu tun!

Es ist moralisch in keiner Weise anrüchig, daß sich einige Menschen auf das Leiden der Tiere und dessen Linderung konzentrieren. Denn Aufgabenteilung ist im gesamten Bereich gemeinnütziger Tätigkeiten sinnvoll und selbstverständlich. Einer Museumsgesellschaft wird ja zum Beispiel auch nicht vorgeworfen, sich nur um alte Kunst und nicht auch um alte Menschen zu kümmern!

Darüber hinaus sind starre, absolute Prioritätensetzungen wie »Die Menschen kommen zuerst!« von vornherein unsinnig und unmenschlich. So könnten wir zwar zum Beispiel im Konfliktfall durchaus die Maxime akzeptieren: »Für unsere Nächsten sind wir mehr verantwortlich als für Fremde.« Aber es wäre doch ganz offensichtlich falsch, diese Regel dahingehend zu verabsolutieren, daß wir Fremden *immer* erst helfen dürfen, wenn bei unseren Nächsten *alle* Bedürfnisse befriedigt sind! Auch können wir grundsätzlich die Maxime akzeptieren: »Überleben ist wichtiger als Gleichberechtigung.« Dennoch sagen wir aber nicht: »Wie können wir bei uns um die Gleichberechtigung der Frauen kämpfen, solange in Afrika die Menschen umgebracht werden!« Wir sind offenkundig der Meinung, daß es in Ordnung und vernünftig ist, uns für Überleben und Gleichberechtigung gleichzeitig einzusetzen.

Auch müssen wir unterscheiden zwischen abstrakten Prioritäten und Situationen, in denen uns Leid und Unrecht persönlich und konkret begegnen. Denken wir an einen Autounfall, zu dem wir durch Zufall kommen. Es wäre absurd, dem Verletzten zu sagen: »Leider kann ich dir jetzt nicht helfen, denn anderswo auf der Welt gibt es noch viel schlimmere Unfälle!« Mit wichtigen Tierproblemen werden wir aber täglich persönlich und konkret konfrontiert – auf unserem Teller!

Es ist eine historische Tatsache, daß sich Tier- und Menschenliebe keineswegs ausschließen, sondern im Gegenteil oft gemeinsam auftreten. Viele Tierfreunde waren gleichzeitig Menschenfreunde und umgekehrt. So hat etwa der Pionier des Tierschutzes, Henry Bergh, auch die »Society for the Prevention of Cruelty to Children« gegründet. Und der Begründer des Kinderschutzbundes, Fritz Lejeune, war auch ein bekannter Tierfreund. Das eindrucksvollste Beispiel dafür, daß Menschen- und Tierliebe keineswegs Gegensätze sind, ist wohl Albert Schweitzer, der zu Recht sowohl von Menschenschützern als auch von Tierschützern als Vorbild angesehen wird.

Schließlich wird niemand dadurch in seinem Engagement für leidende Menschen beeinträchtigt, daß er keine unschuldigen Tiere mehr umbringt, das heißt Vegetarier wird!

Mensch-Tier-Vergleiche

»Die moralischen Vergleiche zwischen Menschen und Tieren, die von Tierschützern und Tierrechtlern immer wieder angestellt werden, sind absurd. Der Mensch ist doch etwas ganz anderes und viel Höheres als das Tier. Deshalb ist es auch zum Beispiel völlig abwegig, Tierfarmen oder Zoos als Tier-KZs zu bezeichnen. Menschen und Tiere erleben die Welt doch ganz unterschiedlich.«

Die Unterschiede zwischen Menschen und Tieren sind viel geringer als allgemein angenommen wird. Man denke nur etwa an die frappierenden Ähnlichkeiten zwischen Menschenaffen und Menschen. Menschenaffen verwenden zum Beispiel Werkzeuge, erlernen die Taubstummensprache und gehen in ihrem Handeln unbestreitbar planmäßig vor. Die Erbinformation von Schimpansen und Menschen unterscheidet sich um nur 1,6 Prozent. Der Unterschied zwischen Schimpansen und Gorillas beträgt hingegen 2,1 Prozent.

Die Unterschiede zwischen Menschen und Tieren bedeuten keineswegs automatisch eine geringere Leidensfähigkeit der Tiere. Vielmehr führen die geringeren Kommunikations- und Reflexionsmöglichkeiten der Tiere dazu, daß sie oft *mehr* leiden als Menschen in vergleichbaren Situationen: Wenn etwa ein Mensch im Krankenhaus operiert werden soll, dann weiß er, daß dies zu seinem Vorteil geschieht. Wenn hingegen ein Tier eingefangen wird, um einer Heilbehandlung zugeführt zu werden, so hat es dabei die gleiche Angst wie ein Tier, das zur Durchführung von Tierversuchen eingefangen wird. Oder: Ein eingesperrter Mensch kann die Zeit, in der er wieder frei sein wird, geistig vorwegnehmen und so Trost schöpfen. Bei einem eingesperrten Tier ist hingegen sein ganzer Vorstellungshorizont vom Gefangensein ausgefüllt – selbst wenn die Gefangenschaft nur vorübergehend sein sollte.

Verbrechen verlieren nicht dadurch an Schrecken, daß es anderswo noch größere Verbrechen gibt. Wenn Menschen unter bestimmten Bedingungen tatsächlich mehr leiden als Tiere, so ist dies in keiner Weise eine Rechtfertigung dafür, Tiere diesen Bedingungen auszusetzen. Ein KZ, in dem die Häftlinge fünfmal täglich gefoltert werden, wird nicht dadurch akzeptabler, daß daneben ein KZ steht, in dem die Häftlinge zehnmal täglich gefoltert werden.

»Mörder«

»Fleischesser als Mörder zu bezeichnen, ist eine Ungeheuerlichkeit. Man kann doch nicht ganz normale Menschen, nur weil sie Fleisch essen, deshalb gleich als Mörder beschimpfen. Außerdem ist es von den Tierschützern ungeschickt, Fleischesser Mörder zu nennen. Denn damit werden unnötigerweise Aggressionen und Widerstände geweckt, die den Tieren letztlich nur schaden.«

Wer die Bezeichnung Mörder für Fleischesser als eine Ungeheuerlichkeit ansieht, beweist damit nur seine eigene Naivität. Natürlich bedeutet Fleischessen Mord: vorsätzliches Töten (bzw. Tötenlassen) aus niederem Beweggrund. Der niedere Beweggrund ergibt sich zwangsläufig aus der eklatanten Unverhältnismäßigkeit zwischen dem angestrebten Gaumenkitzel und dem, was wir Tieren dafür antun. Deshalb haben Ovid, Plutarch, Leonardo da Vinci, Leo Tolstoi und viele andere hellsichtige Menschen Fleischesser schon vor langer Zeit als Mörder bezeichnet!

Andererseits ist es »strategisch« in der Tat oft nicht zielführend, seinen Nachbarn einen Mörder zu nennen, weil er Fleisch ißt. Schließlich sollen die Menschen ja nicht geärgert, sondern geändert werden. Außerdem: Fast jeder, der heute Vegetarier ist, war früher selbst einmal ein Fleischesser, also ein Mörder.

Wenn allerdings jemand von sich aus den Ausdruck Mörder in diesem Zusammenhang als sprachliche Manipulation oder als verbalen Terrorismus hinstellt, dann muß dies mit aller Entschiedenheit zurückgewiesen werden. Dann muß aufgeklärt werden, daß wir es hier mit einem *allgemeinen* Phänomen zu tun haben, dessen Bedeutung und Tragweite überhaupt nicht überschätzt werden können. Beispiele bzw. Manifestationen dieses Phänomens sind: die sachlich durch nichts zu rechtfertigenden Verharmlosungen in der Jägersprache (zum Beispiel »Schweiß« für Blut); die sachlich durch nichts zu rechtfertigenden Verharmlosungen in der Sprache der Tierexperimentatoren (zum Beispiel »Tiermodelle« – wie »Automodelle«); die sachlich durch nichts zu rechtfertigende allgemeine Abwertung von Tieren dadurch, daß wir für Essen, Trinken, Schwangersein, Gebären, Sterben und den Leichnam bei Tieren ganz eigene Worte haben. Schopenhauer spricht in diesem Zusammenhang treffend von der Diversität der Worte, die die Identität in der Sache verstecken soll.

All dies läuft auf exakt jenen Mechanismus hinaus, der auch allen Massakern und Kriegen unter Menschen zugrundeliegt: die Betäubung des Gewissens durch sprachliche Manipulation. Der physischen Vernichtung geht immer die sprachliche Verharmlosung oder Abwertung voraus. In Wirklichkeit manipulieren und mißbrauchen diejenigen die Sprache, die Fleischesser *nicht* als Mörder bezeichnen!

Moralischer Fortschritt / Gleichheitsprinzip

»Tierrechtler und Vegetarier, die Fleischesser verurteilen und als Mörder diffamieren, sind arrogant und intolerant. Es ist unerhört, die weitaus überwiegende Mehrzahl der Menschen in dieser Weise als moralisch unreif und zurückgeblieben hinzustellen.«

Es gibt allen Rückschlägen und realen Unzulänglichkeiten zum Trotz einen moralischen Fortschritt. Dieser besteht in der langsamen, aber stetigen Ausdehnung der moralischen Sphäre, das heißt in der Erweiterung jenes Bereiches, innerhalb dessen unsere moralischen Regeln und Rücksichten Geltung haben. Wir haben erkannt, daß andere Stämme, andere Nationen, andere Rassen und das andere Geschlecht in unsere moralische Sphäre aufgenommen werden müssen. Wir haben eingesehen, daß Rassismus und Sexismus moralisch willkürliche Diskriminierungen sind, weil Rasse und Geschlecht moralisch unwesentliche Merkmale sind.

Der nächste konsequente Schritt besteht darin zu erkennen, daß nicht nur die Rassen- und Geschlechtszugehörigkeit moralisch bedeutungslos sind, sondern auch die Artzugehörigkeit. Die Diskriminierung aufgrund der Art oder Spezies, der Speziesismus, ist ebenso willkürlich, falsch und unhaltbar wie die Diskriminierung aufgrund der Rassen- oder Geschlechtszugehörigkeit. Rasse, Geschlecht und Spezies sind gleichermaßen untaugliche moralische Kriterien.

Der Rassist sagt: »Weil du eine schwarze Haut hast, darf ich dich als Sklaven halten.« Der Sexist sagt: »Weil du eine Frau bist, darfst du nicht zur Wahl gehen.« Und der Speziesist sagt: »Weil du ein Tier bist, kann ich dich lebenslang in Zoos sperren, mit dir grausame Experimente durchführen und dich umbringen und aufessen.« Rassismus, Sexismus und Speziesismus befinden sich logisch und ethisch auf der gleichen Ebene. Sie sind Verstöße gegen das grundlegende moralische Gleichheitsprinzip.

Dabei behauptet natürlich kein vernünftiger Mensch, daß Menschen und Tiere in einem faktischen Sinne gleich wären. Natürlich sind Menschen und Tiere verschieden – so wie auch die Menschen untereinander verschieden sind. Menschen und Tiere haben, wie die Menschen untereinander, unterschiedliche Interessen.

Deshalb verlangt auch niemand ernsthaft, daß Menschen und Tiere gleich behandelt werden sollten. Unterschiedliche Interessen erfordern und rechtfertigen eine unterschiedliche Behandlung. Tiere brauchen zum Beispiel im Unterschied zu Menschen keine Religionsfreiheit, weil sie keine Religion haben – so wie Männer im Unterschied zu Frauen keinen Schwangerschaftsurlaub brauchen, weil sie nicht schwanger werden können.

Was das moralische Gleichheitsprinzip fordert, ist schlicht dies: Wo und soweit Menschen und Tiere ähnliche Interessen haben, da sollen diese ähnlichen Interessen auch gleich berücksichtigt, moralisch gleich ernstgenommen werden. Zum Beispiel:

Weil alle Menschen ein Interesse an angemessener Nahrung und Unterkunft haben, sollen wir dieses Interesse auch bei allen Menschen gleich berücksichtigen – und dürfen nicht willkürliche Diskriminierungen aufgrund der Rassen- oder der Geschlechtszugehörigkeit vornehmen. Und weil sowohl Menschen als auch Tiere leidensfähig sind, sollen wir das Interesse, nicht zu leiden, bei Menschen und Tieren gleich berücksichtigen – und dürfen nicht willkürliche Diskriminierungen aufgrund der Artzugehörigkeit vornehmen.

Wir brauchen für Tiere keine neue Moral. Wir müssen lediglich aufhören, Tiere willkürlich aus der vorhandenen Moral auszuschließen. Dies wird gewiß ein schwieriger und langwieriger Prozeß werden. Aber das war bei der Befreiung der Sklaven und bei der Emanzipation der Frauen nicht anders. In den USA wurde die Sklaverei erst 1865 abgeschafft. In der Schweiz wurde das Frauenwahlrecht auf Bundesebene erst 1971 eingeführt. Die Befreiung der Tiere, der Sklaven des 20. Jahrhunderts, hat eben erst begonnen. Aber die Tendenz in der Moralentwicklung ist unumkehrbar. Und wäre sie es nicht – wir hätten allen Grund, uns dagegen zu wehren!

Motivation

»Vegetarisch zu leben, ist an sich ja eine ganz vernünftige Sache. Es ist gesund und fördert unser Wohlbefinden. Aber diese Moralapostel, die dauernd vom Leiden und von den Rechten der Tiere daherschwafeln, bringen den Vegetarismus in Verruf.«

Tatsächlich gilt der gesundheitlich motivierte Vegetarismus weitgehend als rational und chic, während der moralisch motivierte Vegetarismus nach wie vor als irrational und sektiererhaft angesehen wird.

Dies ist, genau besehen, doch recht erstaunlich. Schließlich handelt es sich beim gesundheitlichen Motiv doch eindeutig um ein *egoistisches* Motiv: Ich will etwas für *meine* Gesundheit, für *mein* Wohlbefinden tun. Das moralische Motiv ist hingegen offenkundig nicht egoistisch: Ich will nicht, daß *andere* Lebewesen für meine Gaumenfreuden leiden müssen.

Offenbar gelten egoistische Motive automatisch als vernünftig, während nichtegoistische Motive nach wie vor als Indiz für Spinnerei betrachtet werden.

Dabei ist es angesichts des kolossalen Leidens, das unser Fleischessen den Tieren verursacht, doch eigentlich geradezu pervers und obszön zu fragen: Und ist die *Verhinderung* dieses Leidens auch noch gesund?

Nebenschauplätze

» Wenn man erst einmal mit dem ethischen Nachdenken über unseren Umgang mit Tieren beginnt, kommt man schnell vom Hundertsten ins Tausendste. Da geht es dann bei weitem nicht mehr nur um die vergleichsweise einfache Frage ›Fleischessen oder nicht?‹, sondern um so schwierge Probleme wie ›Was ist eigentlich mit unserer moralischen Verpflichtung gegenüber Pflanzen, die ja auch Lebewesen sind?‹; ›Was ist mit den Tieren, die wir unabsichtlich töten, zum Beispiel beim Atmen oder Spazierengehen?‹; ›Was ist, wenn wir gerade dazukommen, wenn in der Natur ein Tier das andere fressen will – dürfen, sollen wir eingreifen?‹ usw. Da es hier so viele Fragen mit so wenigen befriedigenden, plausiblen Antworten gibt, ist es am vernünftigsten, sich mit diesen Problemen erst gar nicht herumzuschlagen.«

Zuerst sollen die großen, einfachen Probleme erörtert und nach bestem Wissen und Gewissen gelöst werden. Das heißt jene Probleme, bei denen die Zahl der Betroffenen groß, die moralische Bewertung eindeutig und die Lösung einfach ist. Zum Beispiel das Essen von Fleisch. Die Zahl der von dieser menschlichen Gewohnheit betroffenen Tiere ist immens. Daß es falsch ist, andere lebenslang leiden zu lassen, um selbst einen kurzen Gaumenkitzel zu haben, ist einleuchtend. Und der Verzicht auf Fleisch ist kein allzugroßes Opfer – zumal er ja mit handfesten gesundheitlichen Vorteilen verbunden ist.

Erst nach der Behandlung der großen, einfachen Probleme sollen die kleineren, schwierigeren Probleme erörtert werden. Das heißt jene Probleme, bei denen die Zahl der Betroffenen geringer, die moralische Bewertung strittig oder die Lösung kompliziert ist.

Das so beliebte und häufige »Festbeißen« an ausgefallenen moralischen Spezialfragen ist in Wirklichkeit ein recht durchsichtiges Alibi: Solange man redet und angeblich um die richtige Lösung ringt, braucht man sein Verhalten nicht zu ändern.

Ökologischer Tierschutzbegriff

»Die Tierrechtsbewegung ist in Wirklichkeit überflüssig und schädlich. Denn die legitimen und vernünftigen Tierschutzanliegen werden ohnehin von der Umweltschutzbewegung vertreten und langfristig auch durchgesetzt. Umweltschützer betreiben Tierschutz mit Augenmaß. Tierrechtler hingegen erweisen mit ihren Einseitigkeiten und Übertreibungen dem Tierschutz letztlich einen Bärendienst.«

Auf den ersten Blick ist konsequenter Umweltschutz in der Tat auch praktizierter Tierschutz: Die Erhaltung einer gesunden Umwelt kommt sowohl Menschen als auch Tieren zugute. Der Schutz von bedrohten Tierarten ist ohne Zweifel auch ein wichtiges Anliegen von Tierschützern. Umwelt- und Tierschützer sind sich auch darin einig, daß die einseitig anthropozentrische Perspektive moralisch falsch und ökologisch schädlich ist und deshalb schleunigst überwunden werden muß.

Allerdings gibt es zwischen Umweltschützern und konsequenten Tierschützern auch einen wesentlichen Unterschied: Während es den Tierrechtlern auch um individuelle Tiere geht, zählen für Umweltschützer nur Tierarten. Der unglaubliche Zynismus dieses ökologischen Tierschutzbegriffs offenbart sich erst, wenn man der dahinterliegenden Logik gewahr wird:

Schicksal und Leiden der Tiere sind nur dann von Belang und Interesse, wenn die ganze Art vom Aussterben bedroht ist. Das ist so, wie wenn wir Sklaverei und Folter nur dann verurteilen würden, wenn davon eine ganze Rasse vom Aussterben bedroht wird. An den Judenvergasungen wäre so lange nichts auszusetzen gewesen, solange nur ein paar Juden übriggeblieben wären!

Hintergrund dieses erschütternd brutalen ökologischen Tierschutzbegriffs ist dies: In Wirklichkeit geht es den Umweltschützern weder um einzelne Tiere noch um Tierarten noch um die Umwelt. Tatsächlich geht es den Umweltschützern ausschließlich um sich selbst: Pflanzen und Tiere werden nur deshalb geschützt, weil dies für das menschliche Wohl und Überleben notwendig erscheint. Der Schutz von Pflanzen und Tieren ist nur Mittel zu dem Zweck, für sich eine gesunde und funktionierende Umwelt zu haben.

Die Überwindung der anthropozentrischen Perspektive durch die ökologische Bewegung ist eine einzige riesige optische Täuschung: Der menschliche Egoismus wurde nicht überwunden, sondern lediglich modernisiert. Er wurde den neuen zivilisatorischen Rahmenbedingungen angepaßt und mit einem moralischen Deckmäntelchen versehen.

Pflanzen

»Diese fanatischen Vegetarier machen sich doch selbst etwas vor, und ihre Vorwürfe gegen Fleischesser sind völlig ungerechtfertigt: Vegetarier essen nämlich selbst Pflanzen, und das sind auch leidensfähige Lebewesen!«

Alle Fakten sprechen *gegen* die Leidensfähigkeit von Pflanzen:
   – Pflanzen weisen kein Verhalten auf, das Schmerz nahelegt.
   – Pflanzen haben kein zentrales Nervensystem, das den Schmerz weiterleiten könnte.
   – Pflanzen sind nicht in der Lage, sich von einer Verletzungsquelle zu entfernen. Daher hätte die Leidensfähigkeit bei Pflanzen keinen evolutionären Nutzen.

Aber selbst wenn sich herausstellen sollte, daß auch Pflanzen leidensfähig sind, so spräche dies in keiner Weise gegen den Vegetarismus. Im Gegenteil. Denn Pflanzen wären gewiß weniger schmerzempfindlich als Tiere. Und das heißt, daß wir noch immer Pflanzen statt Tiere essen müßten, wenn wir das geringere Übel wählen wollten.

Daran würde sich selbst im extrem unwahrscheinlichen Fall, daß Pflanzen und Tiere *gleich* schmerzempfindlich wären, nichts ändern. Denn aufgrund der Ineffizienz der Fleischproduktion (die Tiere, deren Fleisch wir essen, benötigen 90 Prozent des Futters, das wir ihnen geben, zur Aufrechterhaltung ihres eigenen Stoffwechsels) würden wir durch Fleischessen zehnmal so viele Pflanzen zerstören wie bei einer vegetarischen Ernährung.

Quälerei

»Tierschützer und Tierrechtler verweisen immer darauf, daß Tierhaltung zur Nahrungserzeugung und auch Tierversuche Tierquälerei seien. Solche Fälle sind aber nicht der Normalfall, sondern die Ausnahme, und schwarze Schafe gibt es überall.«

Die kommerzielle Nutzung von Tieren zur Nahrungserzeugung führt notwendig zur Ausnutzung und damit zum Quälen der Tiere: Konkurrenzdruck, Wirtschaftlichkeitsdenken und Profitstreben lassen den Produzenten gar keine andere Wahl, als ihre tierlichen »Produktionsmittel« optimal zu nutzen und damit unweigerlich zu quälen. Die Forderung, Tiere unter ökonomischen Rahmenbedingungen »schonend« zu behandeln, ist genauso unrealistisch wie die Forderung, die Kapazität von Maschinen nur zu einem Bruchteil zu nutzen.

Das gleiche gilt grundsätzlich auch für Tierversuche. Hinzu kommt, daß gerade jene Experimente, die die Tiere am schwersten belasten, Schmerzversuche und psychologische Versuche, ohne Quälen unmöglich sind, weil das Leiden der Tiere den Forschungsgegenstand (oder einen Teil davon) darstellt.

Radikalität

»Die Tierschützer und Tierrechtler dürfen nicht so radikal und ungeduldig sein. Damit verschrecken sie nur die Menschen, ohne den Tieren zu helfen. Das Ende der Ausbeutung von Tieren können wir nur Schritt für Schritt, durch Reformen erreichen. Wir müssen danach trachten, das Leiden der Tiere sukzessive soweit als möglich zu verringern. Zum Beispiel dadurch, daß wir dafür sorgen, daß Schlachttiere wenigstens getränkt werden, damit sie nicht zusätzlich zu allen anderen Qualen auch noch Durst leiden müssen.«

So vernünftig und »logisch« es auch klingt, daß wir das Ende der Ausbeutung nur durch Reformen erreichen können – die gegenteilige Position ist kaum weniger plausibel: Das Ende der Ausbeutung erreichen wir durch Reformen nie. Die »Humanisierung« der Schlachtung wird ebensowenig je zu ihrer Abschaffung führen wie die »Humanisierung« der Sklaverei oder die Zulassung »sanfter« Vergewaltigung je zum Verbot von Sklaverei und Vergewaltigung geführt hätten. Mehr noch: Reformen sind sogar schädlich, weil jede *Regulierung* der Ausbeutung automatisch eine *Legalisierung* der Ausbeutung bedeutet.

Haben nicht in der Tat die Vertreter beider Positionen recht: Ist es nicht klar, daß zum Beispiel das Schicksal der Schlachttiere dadurch verbessert werden soll, daß sie wenigstens nicht auch noch Durst leiden müssen? Ist es aber nicht ebenso einleuchtend, daß die »Humanisierung« der Schlachtung ebenso ein Unding ist wie die »Humanisierung« der Sklaverei oder die Zulassung »sanfter« Vergewaltigung?

Die richtige Strategie ergibt sich aus der Kombination beider Positionen: Wir müssen Reformen fordern und durchsetzen, aber wir dürfen dabei nie vergessen, daß damit das *Unrecht an sich* nicht einmal berührt wird. Und wir müssen dies auch laut und deutlich sagen: Wir werden uns mit der Regulierung des Unrechts nicht zufrieden geben, sondern so lange weiterkämpfen, bis das Unrecht selbst beseitigt ist. Gleichzeitig müssen alle Mittel ausgeschöpft werden, die einen Beitrag zur Beendigung des Unrechts an sich leisten: Aufklärung, Bewußtseinsbildung, Information.

Die angemessene Antwort auf die ungeheure Ausbeutung ist nicht Reform *oder* Abschaffung, sondern Reform *und* Abschaffung: Wir müssen zu allen Zeiten auf allen Ebenen alles Mögliche tun, um das Leiden zu verringern und das Unrecht zu beenden.

»Recht des Stärkeren«

»In der gesamten Natur herrscht das Recht des Stärkeren, das Fressen und Gefressenwerden. Das mag uns gefallen oder nicht, aber es ist nun einmal so. Da der Mensch ein Teil der Natur ist, gilt das Recht des Stärkeren selbstverständlich auch für ihn.«

Zunächst ist es interessant, daß gerade diejenigen, die ansonsten immer die Unähnlichkeit von Menschen und Tieren betonen (»Krone der Schöpfung«, »Gottebenbildlichkeit«, »Vernunftbegabtheit«, »unsterbliche Seele« usw.), sich hier auf einmal auf eine angebliche Ähnlichkeit von Menschen und Tieren berufen.

Aber ausgerechnet hier beim Fleischessen gibt es keine Ähnlichkeit. Denn Tiere (genauer: die fleischfressenden Tiere) müssen Fleisch fressen, Menschen nicht. Wir haben eine Wahlmöglichkeit, eine Entscheidungsfreiheit, Tiere nicht.

Im übrigen folgt aus der »Natürlichkeit« des »Rechts des Stärkeren« in keiner Weise seine psychologische Notwendigkeit. Sonst dürften wir uns auch nicht gegen Gewalt und Krieg engagieren, weil es völlig sinnlos wäre. Gewalt und Krieg sind nämlich auch »natürlich«.

Auch folgt aus der »Natürlichkeit« des »Rechts des Stärkeren« nicht seine moralische Richtigkeit. Sonst dürften wir auch Armut, Krankheit, Behinderung und Katastrophen nicht bekämpfen, solange sie nur »natürlich« entstanden sind!

Schließlich: Nirgendwo außer in unserem Umgang mit Tieren akzeptieren wir das »Recht des Stärkeren« als moralische Richtschnur. Warum um alles in der Welt sollte dieses Prinzip nur und ausgerechnet hier Gültigkeit besitzen?

Schnecken

»Was macht man mit Schnecken, die einem den Salat wegfressen, mit Insekten, die einen stechen, usw.? Die darf man ja doch wohl ohne langes Hin- und Herüberlegen töten, oder?«

Diese Frage ist in dieser Form falsch bzw. zu früh gestellt. Bevor man moralische Detailfragen erörtert, muß man sich vernünftigerweise über das moralische Grundkonzept im klaren sein, aufgrund dessen man diese Detailfragen bewerten und beantworten will.

So gehen wir ja auch bei »Detail-« bzw. »Spezialfragen« in bezug auf Menschen vor: Bevor wir uns über den richtigen Umgang mit Armen, Alten, Kranken, Behinderten usw. Gedanken machen, sind wir uns über bestimmte moralische Grundsätze einig. So gestehen wir zum Beispiel allen Menschen grundsätzlich und von vornherein Menschenwürde, Menschenrechte, Schutz vor Willkür, Recht auf Leben usw. zu.

Und so müssen wir auch bei moralischen Fragen in bezug auf Tiere vorgehen. Wir müssen zuerst überlegen, welche Rechte wir Tieren grundsätzlich zugestehen sollen. Und wenn wir dies wirklich ernsthaft und gewissenhaft tun, kommen wir dabei bestimmt nicht zu dem Ergebnis, daß wir mit Tieren machen können, was wir wollen: beliebig erschlagen, zerschneiden usw.

Und jetzt stellt sich die Frage nach dem richtigen Umgang mit Schnecken, Insekten usw. in einem ganz anderen Licht: Wir erkennen, daß wir auch hier zuerst unseren Kopf benützen und fragen müssen: Welches Verhalten ist möglich, angemessen, verhältnismäßig?

Steinzeit

»Schon in der Steinzeit haben die Menschen Tiere gejagt und Fleisch gegessen. Warum soll das dann heute falsch sein?«

Es ist absurd, sich ausgerechnet in moralischen Fragen auf die Steinzeit zu berufen!

Es kommt immer auf die konkrete Situation mit ihren konkreten Notwendigkeiten an: Es ist ein Unterschied, ob ich einen Menschen in Notwehr oder zum Spaß töte. Es ist ein Unterschied, ob ich Menschenfleisch nach einem Flugzeugabsturz im Urwald esse, um nicht zu verhungern, oder als Gourmet in einem Feinschmeckerrestaurant. Und es ist ein Unterschied, ob ich Tiere töte, um zu überleben, oder um meinen Gaumen zu kitzeln!

Darüber hinaus: Was in der Steinzeit dem Überleben diente – das Fleischessen –, dient heute dem Sterben: Unser Fleischkonsum ist wesentlich verantwortlich für globale und regionale Hungerkatastrophen.

Terroristen

»Tierrechtler sind doch mit ihrer verbalen und brachialen Gewaltbereitschaft in Wirklichkeit nichts anderes als Terroristen, Rechtsradikale, denen es darum geht, Angst und Schrecken zu verbreiten!«

Es geht um etwas ganz anderes. Mittlerweile kennen die meisten Menschen aus TV-Reportagen die grauenhafte Wirklichkeit der Fleischproduktion: Aufzucht, Transport und Schlachtung sind für die Tiere eine einzige, nicht enden wollende Qual. Die moderne Fleischproduktion bedeutet für die Tiere die absolute Hölle, eine Hölle, der die Tiere mitten unter uns und ununterbrochen ausgeliefert sind.

Bilder dieser Hölle lösen bei vielen Menschen Entsetzen, Wut und Verzweiflung aus – Verzweiflung ob der eigenen (vermeintlichen) Ohnmacht.

Aufgabe der Tierrechtsbewegung ist es auch, den Menschen zu helfen, diese grauenhaften Bilder und die Emotionen, die sie auslösen, bewerten, einordnen, integrieren zu können: Was haben diese furchtbaren Verbrechen mit mir zu tun? Was kann ich dagegen unternehmen?

Die Tierrechtsbewegung in die nationalistische Ecke zu stellen, ist schon deshalb absurd, weil es den Nationalisten ja darum geht, die moralische Sphäre einzuengen. Der Tierrechtsbewegung geht es im Gegensatz dazu darum, die moralische Sphäre auszudehnen – nicht nur auf alle Menschen, sondern auch auf die Tiere.

Tierversuche I

*»Tierversuche müssen leider sein, denn ohne Tierversuche gäbe es kei-
nen medizinischen Fortschritt. Da müssen Tierschutzüberlegungen
einfach zurückgestellt werden. Tierversuche sind für die menschliche
Gesundheit nun einmal notwendig.«*

Diese Behauptung muß ernstgenommen werden. Nicht weil sie
richtig ist, sondern weil sie strittig ist – und deshalb noch ewig diskutiert werden wird: Es wird immer irgendwelche Experten geben,
die behaupten, daß Tierversuche für die menschliche Gesundheit
nützlich und notwendig seien.

Das wirklich Entscheidende ist aber gar nicht, diese Nützlich-
keitsfrage zu klären, sondern zu zeigen, daß sie belanglos ist: Tierversuche sind falsch, unabhängig davon, ob sie für die menschliche
Gesundheit nützlich sind.

Die Kernfrage lautet nicht: »Wieviel Gesundheit können wir ma-
ximal erzeugen?«, sondern: »Wieviel Gesundheit können wir auf
ethisch zulässige Weise erzeugen?«

Die – echte oder vermeintliche – Nützlichkeit von Tierversuchen
ist überhaupt kein ethisches Argument: Es gibt viele Dinge, die
nützlich wären, aber dennoch unmoralisch und verboten sind, zum
Beispiel Menschenversuche.

Der einzige Grund, warum nicht auch Tierversuche schon längst
verboten sind, ist einfach dieser: Tiere können sich nicht wehren,
sie sind uns hilflos ausgeliefert. Aber das ist natürlich keine ethische
Rechtfertigung. Tierversuche sind und bleiben Verbrechen an
Wehrlosen. Tierversuchslabors sind KZs. »Für die Tiere ist jeden
Tag Treblinka« schrieb der jüdische Nobelpreisträger Isaac Bashevis Singer zu Recht. Wer Berichte über ehemalige Nazi-KZs und
über heutige Tier-KZs liest, erkennt: Die Parallelen sind lückenlos,
die Protokolle sind austauschbar. Alles, was die Nazis den Juden angetan haben, praktizieren wir heute mit Tieren.

Tierversuche II

»Wirklich konsequente Tierschützer dürften auch nicht zum Arzt ge-
hen, denn damit unterstützen sie, zumindest indirekt, Tierversuche.
Schließlich werden die Medikamente, die der Arzt verschreibt, groß-
teils im Tierversuch entwickelt und getestet.«

Es gibt in der Tat im wesentlichen nur *eine* Medizin, die die Grundlage für *alle* Heilmittel und Heilverfahren ist: Medikamente und
Methoden tragen keine Etiketten »mit Tierversuchen« oder »ohne
Tierversuche«. Und die »alternative« Medizin (alleine) deckt gerade die klassischen Problem- und Akutfälle nicht ab.

Aber genau deshalb ist es auch abwegig, Tierversuchsgegnern Inkonsequenz vorzuwerfen, wenn sie zum Arzt gehen: sie haben ja
keine Alternative und sie können nichts dafür, daß es nur diese eine
Medizin – mit Tierversuchen – gibt.

Zur Verdeutlichung der moralischen Wertigkeit dieser Situation:
Es wäre auch abwegig, Atomkraftwerk-Gegnern Inkonsequenz vor-
zuwerfen, wenn sie den Lichtschalter betätigen, weil sie damit die
Atomkraftwerk-Industrie unterstützen.

Das geeignete Mittel, um Tierversuche abzuschaffen, ist nicht ein
Boykott der Kranken, sondern eine konsequente Politik der Gesunden.

Töten

»Tieren unnötiges Leiden zuzufügen, ist gewiß nicht in Ordnung. Aber sie rasch und schmerzlos zu töten, ist moralisch unproblematisch. Denn Tiere leben im Gegensatz zum Menschen ganz im Augenblick. Sie haben keinen Begriff von Vergangenheit und Zukunft, sie erfahren sich nicht als in der Zeit gleichbleibendes, identisches Selbst. Deshalb ist das plötzliche Ende des Lebens für Tiere auch kein Übel.«

Die psychischen Unterschiede zwischen Menschen und Tieren, insbesondere die größere Gegenwartsbezogenheit und das geringere Ich-Bewußtsein bei Tieren, legen in der Tat nahe, daß der Tod für Tiere möglicherweise ein geringeres Übel ist als für Menschen.

Aber diese psychischen Unterschiede sind (entsprechend der Kontinuität in der Evolution) keineswegs prinzipieller, sondern nur gradueller Natur! Dies zeigt sich deutlich am Merkmal Gegenwartsbezogenheit. Tiere leben ganz und gar nicht nur in der Gegenwart, sondern erleben durchaus auch Vergangenheit und Zukunft: Tiere sind ohne jeden Zweifel lernfähig, was bedeutet, daß sie in der Vergangenheit Erlebtes in der Gegenwart »umsetzen«. Tiere handeln ohne jeden Zweifel planmäßig, was bedeutet, daß sie bei ihren Aktivitäten die Zukunft »einplanen«. Und bei Tieren, die in lebenslanger Einehe leben oder die unselbständige Kinder haben, ist es geradezu absurd anzunehmen, daß sie ausschließlich in der Gegenwart leben und daß deshalb der Todeszeitpunkt für sie belanglos sei.

Weil die psychischen Unterschiede zwischen Menschen und Tieren nicht prinzipieller, sondern nur gradueller Natur sind, ist auch der Tod für Tiere unter Umständen zwar ein geringeres Übel, aber noch immer ein Übel.

Andererseits können die psychischen Unterschiede zwischen Menschen und Tieren dazu führen, daß der Tod *für den Menschen* seinen Schrecken verliert: Ein Mensch kann für ein (ideelles) Ziel sterben und diesem Ziel gerade durch seinen Tod noch einen besonderen Dienst erweisen (wenn er dadurch zum Beispiel zum

Märtyrer oder zur Symbolfigur wird). Künstler und Wissenschaftler glauben, daß sie dank ihres Werkes unsterblich sein werden. Und der Glauben an ein Leben nach dem Tod macht diesen für viele Menschen erträglicher.

Der Tod ist auch für Tiere in einem ganz einfachen, allgemeinen und grundsätzlichen Sinne ein Übel, weil er jegliche weitere Möglichkeit der Freude und Erfüllung ausschließt – unabhängig davon, ob der Tod nun »begriffen« oder bewußt erlebt wird: Wenn ein Mensch plötzlich und völlig überraschend von einem Ziegelstein erschlagen wird, so sagen wir auch berechtigterweise, daß dies für ihn ein Verlust ist – obwohl das Sterben in diesem Fall völlig unbewußt und angstfrei erfolgte!

Unausweichlichkeit

»Leiden und Tod sind unausweichlich, sie gehören notwendig zum Leben. Wir können gar nicht anders, als zu töten, wenn wir überleben wollen. Schon bei jedem Atemzug töten wir kleinste Lebewesen!«

Diese Argumentation ist ebenso unsinnig wie die Position: »Es gibt so schrecklich viele leidende Menschen auf der Welt, denen ich nicht helfen kann, deshalb helfe ich gleich auch denen nicht, denen ich helfen könnte.« Moralisch vorzuwerfen ist jemandem selbstverständlich nicht das, was er nicht kann, sondern das, was er könnte, aber dennoch nicht tut!

»Uralter Brauch«

»Viele Dinge, die fanatische Tierrechtler kritisieren, beruhen auf ur-alten Bräuchen, haben eine lange Tradition und gehören zur kulturellen Identität anderer Völker.«

In anderen Bereichen kämen wir nicht im Traum auf die Idee, solche absurden Ausreden gelten zu lassen: Wenn Frauen erschossen werden, weil sie keinen Schleier tragen, wenn sie verbrannt werden, weil sie ein Mädchen gebären oder wenn sie gesteinigt werden, weil sie angeblich die Ehe brachen – dann berufen wir uns nicht auf irgendwelche obskure alte Bräuche, sondern wir bestehen auf der Universalität der Menschenrechte.

Und genauso wie Menschenrechte nur Sinn machen, wenn sie universell sind, so machen auch Tierrechte nur Sinn, wenn sie universell sind. Ein Stier in Spanien leidet schließlich nicht weniger als ein Stier in Deutschland, wenn er vorsätzlich in Angst und Schrecken versetzt und systematisch zu Tode gequält wird!

Nur weil etwas alt ist, ist es noch lange nicht erhaltungswürdig! Kultur besteht nicht darin, naiv und stur an Altem festzuhalten, sondern darin, stets kritisch zu prüfen, ob das Überlieferte nicht faktisch oder moralisch längst überholt ist. Man denke nur an Menschenopfer, Gladiatorenkämpfe oder die Vorstellung von der Erde als einer Scheibe – alles Dinge, die wir inzwischen Gott sei Dank als Aberglauben, Barbarei oder Irrtum entlarvt und überwunden haben.

Vegetarismus I

»Die Herstellung von Fleisch ist ja nicht notwendig mit Leiden ver-
bunden. Man könnte die Tiere auch so aufziehen und töten, daß ih-
nen dabei kein Leiden zugefügt wird. Deshalb ist Fleischessen auch
nicht grundsätzlich falsch und somit der Vegetarismus keine notwen-
dige Forderung.«

Es bedarf schon einer argen Selbsttäuschung, um aufgrund einer
angeblichen prinzipiellen Möglichkeit einer leidensfreien Fleischproduktion das konkrete eigene Fleischessen zu rechtfertigen.
Denn die entscheidende Frage lautet natürlich nicht: »Kann man
Tiere *prinzipiell* leidensfrei aufziehen und töten?«, sondern: »Wie
werden die Tiere *tatsächlich* aufgezogen und getötet?« Und Tatsache ist, daß das Fleisch, das wir heute im Geschäft oder Restaurant
kaufen, von Tieren stammt, die im Leben und beim Sterben gelitten haben!

Vegetarismus II

»Die heute üblichen Formen der Fleischproduktion sind in der Tat vielleicht moralisch nicht unproblematisch, weil sie die Tiere zu sehr belasten. Deshalb sollten sich alle vernünftigen und verantwortungsvollen Menschen, die mit der Erzeugung von Fleisch zu tun haben, zusammensetzen, um gemeinsam Methoden für eine leidensfreie Fleischproduktion zu erarbeiten. Dann können wir uns alle Überlegungen über den Vegetarismus als angeblich einzig angemessener Ernährungsform sparen.«

Eine leidensfreie Fleischproduktion ist eine Illusion. Angenommen, daß alle finanziellen, technischen und organisatorischen Voraussetzungen für eine leidensfreie Aufzucht und Tötung von Tieren geschaffen würden: kleine Betriebe, die den Tieren artgerechte Lebensbedingungen bieten, modernste technische Ausstattung, die einen raschen, überraschenden und schmerzfreien Tod garantiert, kompetentes und gut bezahltes Personal, das ausreichend Zeit für die Betreuung der Tiere hat, usw.

Eine solche »ideale« Fleischproduktion würde nur mit wahren menschlichen Monstern funktionieren! Denn einerseits müßten die Menschen, die mit den Tieren umgehen, diese liebevoll behandeln. Damit steht und fällt eine »humane« Fleischproduktion. Andererseits wüßten diese Menschen aber, daß diese liebevolle Behandlung ausschließlich auf das – völlig unnötige! – Umbringen ihrer Schutzbefohlenen hinausläuft!

Gerade die theoretisch denkbare Möglichkeit einer leidensfreien Fleischproduktion ist es, die uns die Absurdität der Fleischproduktion an sich vor Augen führt – konkret: die Absurdität des Tötens ohne Notwendigkeit. Nirgends kommt diese psychologische und moralische Perversion deutlicher zum Ausdruck als in der eklatanten Diskrepanz zwischen liebevoller Pflege und eigentlichem Ziel dieser Pflege. Diese emotionale Schizophrenie und permanente Zerreißprobe sowie der abgrundtief gemeine Vertrauensbruch gegenüber den »betreuten« Tieren wären die notwendigen Voraussetzungen für eine »humane« Fleischproduktion.

Welch emotionale menschliche Monster für eine leidensfreie Fleischproduktion notwendig wären, sollen einige Handlungen bzw. Situationen veranschaulichen, die in ihrer psychologischen und moralischen Abgründigkeit mit einer solchen »humanen« Fleischproduktion vergleichbar sind: Wir streicheln unserer Katze liebevoll den Kopf – um ihr im nächsten Augenblick den Hals umzudrehen. Oder: Ein Mann umarmt zärtlich seine Frau – um ihr im nächsten Moment ein Messer in den Rücken zu stoßen. Oder: Wir ziehen unsere Kinder mit aller Liebe auf, sorgen dafür, daß es ihnen an nichts fehlt und daß sie eine unbeschwerte, glückliche Kindheit haben – um sie bei einem bestimmten Gewicht ...

Wichtigtuerei

»So manches Anliegen der Tierrechtler mag im Ansatz ja durchaus berechtigt sein. Aber diese Leute übertreiben so schrecklich, um sich selbst wichtig zu machen. Vor allem sind diese Menschen auch so unerträglich emotional und unsachlich.«

Diese Kritik kann nicht ernst genommen werden. Denn das hieße, die Fakten zu verharmlosen und vom Wesentlichen abzulenken: Wo es um institutionalisierten, systematischen, grausamen, sinnlosen Massenmord geht, da können Stilfragen legitimerweise keine primäre Rolle spielen.

Was ist denn schließlich der eigentliche Skandal: die grausamen *Fakten* oder die »drastische« *Schilderung* dieser Fakten?!

Grausame Fakten lassen sich nun einmal nur durch entsprechende Worte angemessen beschreiben.

Wer hat denn eigentlich ein gestörtes Verhältnis zur Emotionalität: derjenige, der angesichts des Grauens Emotionen hat und diese auch zeigt, oder derjenige, der auch beim größten Verbrechen kühl wie ein Roboter reagiert?!

Und wo bleibt die Konsequenz derer, die angesichts tierlichen Leides »Objektivität« *fordern*, diese aber angesichts menschlichen Leides als »menschenverachtenden Zynismus« *verurteilen*?!

64

Zahlen

»So schlimm kann alles auch wieder nicht sein. Die Menschen essen ohnehin schon viel weniger Fleisch als früher.«

In diesem Augenblick werden zahllose Tiere auf bestialische Weise umgebracht, nur damit wir ihre Leichen essen können. In Österreich sind es (Fische nicht mitgezählt) pro Arbeitsminute 500 Tiere, in Deutschland 4000 Tiere. Das summiert sich im Jahr in Österreich auf 61 Millionen und in Deutschland auf 450 Millionen Tiere. Wobei es sich bei diesen Zahlen um äußerst konservative Angaben handelt. Weltweit werden pro Jahr über 20 Milliarden leidensfähige Lebewesen (wieder ohne Fische) allein für menschliche Ernährungszwecke umgebracht. Das heißt, daß Jahr für Jahr (!) viel mehr Tiere getötet werden, als es insgesamt Menschen auf der Erde gibt.

Jeder einzelne hat es in der Hand zu entscheiden, ob er an diesem sinnlosen und grausamen Massaker weiter mitschuldig sein will oder nicht. Jeder kann jederzeit ein Zeichen setzen und sagen: Ich mache bei diesem grauenhaften Gemetzel nicht mehr mit. Ich esse kein Fleisch mehr!

ZITATE

Nathaniel Altman

(geb. 1948) Schriftsteller

Als ein sogenanntes »zivilisiertes« Volk und als Mitglieder einer Gesellschaft, die auf der Suche nach einem dauerhaften Frieden ist, können wir nicht länger in unserer Abgestumpftheit hinsichtlich unserer Verantwortung gegenüber der Natur verharren und nicht unempflindlich bleiben gegen die eigenen Rechte der Tiere.

Jeremy Bentham

(1748–1832) Englischer Jurist und Philosoph

Der Tag *könnte* kommen, an dem die übrigen Kreaturen [die Tiere, H. F. K.] jene Rechte erlangen werden, die man ihnen nur mit tyrannischer Hand vorenthalten konnte. Die Franzosen haben bereits entdeckt, daß die Schwärze der Haut [der Sklaven, H. F. K.] kein Grund dafür ist, jemanden schutzlos der Laune eines Peinigers auszuliefern. Es mag der Tag kommen, da man erkennt, daß die Zahl der Beine, der Haarwuchs oder das Ende des os sacrum gleichermaßen unzureichende Gründe sind, ein fühlendes Wesen demselben Schicksal zu überlassen. Was sonst ist es, das hier die unüberwindbare Trennlinie ziehen sollte? Ist es die Fähigkeit zu denken, oder vielleicht die Fähigkeit zu sprechen? Aber ein ausgewachsenes Pferd oder ein Hund sind unvergleichlich vernünftigere Lebewesen als ein Kind, das erst einen Tag, eine Woche oder selbst einen Monat alt ist. Aber selbst vorausgesetzt, sie wären anders, was würde es nützen? Die Frage ist nicht: können sie *denken*? oder: können sie *sprechen*?, sondern: können sie *leiden*?

Buddha

(um 560 v. Chr. – um 480 v. Chr.) Religionsstifter

Alle Wesen sehnen sich nach Glücklichsein, darum umfange mit deiner Liebe alle Wesen!

Liebe gegen alle Wesen ist wahre Religion.

Elias Canetti

(1905 – 1994) Schriftsteller, erhielt 1981 den Nobelpreis für Literatur

Es schmerzt mich, daß es nie zu einer Erhebung der Tiere gegen uns kommen wird, der geduldigen Tiere, der Kühe, der Schafe, alles Viehs, das in unsere Hand gegeben ist und ihr nicht entgehen kann. Ich stelle mir vor, wie die Rebellion in einem Schlachthaus ausbricht und von da sich über eine ganze Stadt ergießt …

Wann werden alle Tiere schießen lernen? Wann wird es für jeden Jäger gefährlich werden zu schießen? Wann werden Tiere wie Rebellen Gewehre stehlen, beiseite schaffen und sich im Schießen üben? Horntiere hätten es besonders gut, aber auch mit Zehen und Zähnen ließe sich auf Jäger schießen.

Charlie Chaplin

(1889 – 1977) Englischer Filmschauspieler

Der Mensch ist ein halb domestiziertes Tier, das die anderen jahrhundertelang mit Betrug, Gewalt und Grausamkeit beherrscht hat.

Jacques-Yves Cousteau

(1910–1997) Französischer Meeresforscher, Dokumentarfilmer und Schriftsteller

Wenn es eine Rassen-Diskriminierung gibt, dann existiert sie auch in bezug auf Tiere.

Dalai Lama

(geb. 1935) Religiöses Oberhaupt des tibetanischen Lamaismus, erhielt 1989 den Friedensnobelpreis

Selbstverständlich stehen wir auf einer höheren Stufe als die Tiere aufgrund unserer Intelligenz und Geisteskraft. Das ist keine Frage. Falls der Rang von Bedeutung ist. Aber im Hinblick auf das Recht zu leben, befinden wir uns natürlich auf derselben Stufe wie die Tiere. Hier sind wir den Tieren gleich.

Fjodor Dostojewski

(1821–1881) Russischer Dichter

Liebet die Tiere! Gott hat ihnen die Uranfänge des Denkens und eine ungetrübte Freude gegeben. Die stört ihnen nicht, quält sie nicht und nehmt ihnen nicht die Freude.

Eugen Drewermann
(geb. 1940) Katholischer Theologe und Psychotherapeut

Wir haben uns angewöhnt, Tiere als reine Produzenten von Schlachtfleisch, Milch und Eiern zu halten, die einfach parat stehen, wenn wir vor Ostern Eier, zu St. Martin Gänse, zu Weihnachten Puten, zum Oktoberfest Hähnchen zu Hunderttausenden und Millionen auf den Tag genau »benötigen«, und wir reagieren dann wieder höchst empfindlich, wenn manche Tierhalter, wie 1988 in Nordrhein-Westfalen, dabei ertappt werden, wie sie Arzneimittel als Wachstumspräparate bei der Aufzucht von Rindern einsetzen. Es ist, als wenn wir unser Mitgefühl mit den Leiden der Tiere erst dann entdecken würden, wenn es unsere eigene Gesundheit bedroht; ansonsten schließen wir einfach die Augen gegenüber den Bedingungen, denen wir unsere Steaks, Schnitzel und Brathähnchen verdanken. Die Schwierigkeit liegt offenbar darin, daß wir nur die sauber verpackten »Produkte« des »Schlachtviehmarktes« zu sehen bekommen; niemand – außer manchen recht mutigen Fernsehsendungen und Illustriertenartikeln – nimmt uns bei der Hand und zeigt uns die massenweise Quälerei in den Massenzuchtanstalten, und unser Gefühl reagiert erst auf das, was unsere Sinne berührt und unser Vorstellungsvermögen aktiviert. Zudem tragen wir immer noch die Grundüberzeugung der christlichen Theologie in unseren Köpfen, es sei unser gutes Recht, mit den Tieren zu machen, was wir für zweckdienlich zugunsten des Menschen erklären. Ein ungeheures Ausmaß an gerichtlicher Heuchelei attestiert den Praktiken der Massentierhaltung sogar die gesetzlich vorgeschriebene Artgerechtigkeit. An diesen Zuständen wird sich wohl erst etwas ändern, wenn wir ernsthaft unsere Nahrungsgewohnheiten überprüfen und den *Vegetarismus* als eine Art moralischer Pflicht gegenüber den Tieren, gegenüber der Natur und gegenüber den Menschen wiederentdecken.

Albert Einstein

(1879–1955) Physiker, erhielt 1921 den Nobelpreis für Physik

Unsere Aufgabe ist es, uns selbst zu befreien, indem wir die Sphäre des Mitleids auf alle Lebewesen ausdehnen.

Franz von Assisi

(1181/82–1226) Ordensstifter

Alle Geschöpfe der Erde fühlen wie wir, alle Geschöpfe streben nach Glück wie wir. Alle Geschöpfe der Erde lieben, leiden und sterben wie wir. Also sind sie uns gleichgestellte Werke des allmächtigen Schöpfers, unsere Brüder.

Gott wünscht, daß wir den Tieren beistehen, wenn sie der Hilfe bedürfen. Ein jedes Wesen in Bedrängnis hat gleiche Rechte auf Schutz.

Mahatma Gandhi
(1869–1948) Indischer Politiker

Die Größe und den moralischen Fortschritt einer Nation kann man daran messen, wie sie die Tiere behandelt.

Ich glaube, daß der Mensch, da ihm nicht gegeben ist, etwas zu erschaffen, nicht das Recht hat, auch nur die kleinste Kreatur, die da lebt, zu zerstören.

Je hilfloser ein Lebewesen ist, desto größer ist sein Anspruch auf menschlichen Schutz vor menschlicher Grausamkeit.

Johann Wolfgang von Goethe
(1749–1832) Dichter und Naturforscher

Wer Tiere quält, ist unbeseelt, und Gottes guter Geist ihm fehlt. Mag noch so vornehm drein er schauen, man sollte niemals ihm vertrauen.

Hermann Hesse
(1877–1962) Schriftsteller, erhielt 1946 den Nobelpreis für Literatur

Die unschuldigen Pflanzen und Tiere sind von Gott in des Menschen Hand gegeben, daß er sie liebe und mit ihnen wie mit schwächeren Geschwistern lebe.

Theodor Heuss
(1884–1963) Erster Bundespräsident der BRD

Daß einmal das Wort Tierschutz geschaffen werden mußte, ist wohl eine der blamabelsten Angelegenheiten der menschlichen Entwicklung.

Wolfgang Hildesheimer
(1916–1991) Schriftsteller

Herr, gib den Tieren die Kraft, sich gegen uns zu wehren.

Max Horkheimer
(1895–1973) Philosoph

Zwischen der Ahnungslosigkeit gegenüber den Schandtaten in totalitären Staaten und der Gleichgültigkeit gegenüber der am Tier begangenen Gemeinheit, die auch in den freien existiert, besteht ein Zusammenhang. Beide leben vom sturen Mittun der Massen bei dem, was ohnehin geschieht.

Alexander von Humboldt
(1769–1859) Naturforscher und Geograph

Dem Tier gegenüber sind heute alle Völker mehr oder weniger Barbaren, es ist unwahr und grotesk, wenn sie ihre vermeintliche hohe Kultur bei jeder Gelegenheit betonen und dabei tagtäglich die scheußlichsten Grausamkeiten an Millionen von wehrlosen Geschöpfen begehen oder doch gleichgültig zulassen.

William Ralph Inge (»Dean Inge«)
(1860–1954) Englischer Geistlicher und Gelehrter

Wir haben den Rest der tierischen Kreatur versklavt und haben unsere entfernten Cousins in Pelz und Federn so schlecht behandelt, daß sie zweifellos, wenn sie nur in der Lage wären, eine Religion zu erfinden, den Teufel in Gestalt des Menschen darstellen würden.

Robert Jungk
(1913–1994) Wissenschaftspublizist, Zukunftsforscher

Ethik gegenüber dem Menschen und Roheit gegenüber den Tieren sind zwei Verhaltensweisen, die sich nicht vereinbaren lassen, denn Grausamkeit gegen Tiere geht nahtlos in Grausamkeit gegen Menschen über.

Milan Kundera
(geb. 1929) Tschechischer Schriftsteller

Die wahre moralische Prüfung der Menschheit (die so tief in unserem Innern verankert ist, daß sie sich unserem Blick entzieht) äußert sich in der Beziehung der Menschen zu denen, die ihnen ausgeliefert sind: zu den Tieren. Und gerade hier ist es zu einem so grundlegenden Versagen gekommen, daß sich alle anderen aus ihm ableiten lassen.

Laotse
(historisch nicht genau datierbar: 6. Jh. v. Chr. oder Ende 4. Jh. / Anfang 3. Jh. v. Chr.) Chinesischer Philosoph

Seid gut zu den Menschen, den Pflanzen und den Tieren! Hetzt weder Menschen noch Tiere, noch fügt ihnen Leid zu!

Claude Lévi-Strauss
(geb. 1908) Französischer Ethnologe

Seit ungefähr fünfzehn Jahren wird den Ethnologen in zunehmendem Maße bewußt, daß das Problem des Kampfes gegen Rassenvorurteile auf menschlicher Ebene ein viel umfassenderes Problem widerspiegelt, das noch dringender einer Lösung bedarf. Ich spreche von dem Verhältnis zwischen dem Menschen und anderen lebenden Arten. Es ist zwecklos, das eine Problem ohne das andere lösen zu wollen. Denn die Achtung gegenüber den eigenen Artgenossen, die wir vom Menschen erwarten, ist lediglich ein Einzelaspekt der allgemeinen Achtung vor allen Formen des Lebens.

Reinhard Mey
(geb. 1942) Liedermacher

In einer engen Box war es,
Auf Beton, unstandesgemäß,
Daß sie die Glühbirne der Welt entdeckte.
Sie war das Ferkel Nummer vier,
Drei andere lagen über ihr.
So ein Gedränge, daß sie fast erstickte!
Schon nach zwei Wochen Säugakkord
Kam jemand und nahm Mutter fort,
Doch noch als die Erinn'rung schon verblaßt war,
Fielen manchmal dem jungen Schwein
Der Mutter Worte wieder ein:
»Die Würde des Schweins ist unantastbar!«

Der Kerker wurde ihr Zuhaus.
An einem Fleck tagein, tagaus.
Und immer im eigenen Dreck rumsitzen.
Die feine Nase, der Gestank!
Sie wurde traurig, wurde krank,
Und als sie sehr krank wurde, gab es Spritzen.
Sie wurd' zum Decken kommandiert.
Das hat sie niemals akzeptiert,
Daß Schweinesein nur Ferkelzucht und Mast war.
Und wenn man ihren Willen brach,
Dachte sie dran, wie Mutter sprach:
»Die Würde des Schweins ist unantastbar!«

Dann fuhr der Viehtransporter vor,
Man packte sie an Schwanz und Ohr
Zusammen mit vielen Leidensgenossen.
Die zitterten und quiekten bang
Und fuhr'n und standen stundenlang,
Viel enger noch als üblich eingeschlossen.

Das Schwein ist schlau und es ahnt schon
Die tragische Situation.
Sie wußte, daß dies ihre letzte Rast war.
Sie hat den Schlachthof gleich erkannt,
Und sie ging ohne Widerstand.
Denn die Würde des Schweins ist unantastbar!

Sie hat den Himmel nie gesehn,
Durft' nie auf einer Weide stehn,
Hat nie auf trocknem, frischem Stroh gesessen.
Sie hat sich nie im Schlamm gesuhlt,
Freudig gepaart und eingekuhlt –
Wie könnte ich dies Häufchen Elend essen?
Die Speisekarte in der Hand
Seh ich über den Tellerrand
Und kann die Bilder wohl nie mehr vergessen.
Ich möchte nicht, du armes Schwein,
An deinem Leid mitschuldig sein,
Wenn ich in diesem Restaurant zu Gast war.
Und ich bestell' von nun an wohl
Den überback'nen Blumenkohl.
Die Würde des Schweins ist unantastbar!

Christian Morgenstern
(1871–1914) Schriftsteller

Weh dem Menschen, wenn nur ein einziges Tier im Weltgericht sitzt.

Axel Munthe
(1857–1949) Schwedischer Arzt und Schriftsteller

Ich töte keine Tiere, wenn ich es vermeiden kann. … Nein, Sie nennen das Sentimentalität und verspotten es bloß. Ich lasse Sie spotten, soviel Sie wollen, es ist mir gleich. Aber hören Sie, was ich sage! Es kommt die Zeit, wenn Sie nicht mehr spotten, wenn Sie begreifen werden, daß das Tierreich vom Schöpfer unserem Schutze anvertraut und nicht uns preisgegeben ist: daß Tiere so viel Recht haben zu leben wie wir, und daß unser Recht, ihr Leben zu nehmen, streng beschränkt ist auf unser Recht der Verteidigung und unser Recht auf Dasein.

Die Zeit muß kommen, wenn beim Menschen das Vergnügen am bloßen Töten aussterben wird. Solange dies noch vorhanden ist, hat er keinen Anspruch, sich zivilisiert zu nennen, er ist bloß ein Barbar, ein Bindeglied zwischen seinen wilden Ahnen, die einander mit Steinäxten erschlugen um ein Stück rohes Fleisch, und den Menschen der Zukunft.

Leonard Nelson
(1882–1927) Philosoph

Ein Arbeiter, der nicht nur ein »verhinderter Kapitalist« sein will, und dem es also ernst ist mit dem Kampf gegen jede Ausbeutung, der beugt sich nicht der verächtlichen Gewohnheit, harmlose Tiere auszubeuten, der beteiligt sich nicht an dem täglichen millionenfachen Mord, der an Grausamkeit, Roheit und Feigheit alle Schrecknisse des Weltkrieges in den Schatten stellt. Das sind Angelegenheiten, Genossen, die entziehen sich der Abstimmung ... Entweder man will gegen die Ausbeutung kämpfen, oder man läßt es bleiben. Aber wer als Sozialist über diese Forderungen lacht, der weiß nicht, was er tut. Der beweist, daß er nie im Ernst bedacht hat, was das Wort Sozialismus bedeutet.

Ovid
(43 v. Chr. – 18 n. Chr.) Römischer Schriftsteller

Pflüge das Rind! Doch schreibe sein Sterben den Jahren es zu, es
Liefere Waffen das Schaf, zu wehren dem grimmigen Nordwind,
Lasse die satte Ziege ihr Euter den pressenden Händen. –
Fort die Netze, die Fallen, die Schlingen, die Listen und Tücken!
Täuscht den Vogel nicht mit der leimbestrichenen Rute,
Schließt den Hirsch nicht ein in die schreckenflitternden Federn
Und verbergt nicht den Haken der Angel in trügender Speise.
Tötet, die schaden etwa, doch diese tötet auch nur, bleib
Ferne davon euer Mund und genieße sanftere Nahrung!

Papst Pius XII.
(1876–1958, Papst 1939–1958)

Die Tierwelt ist wie die ganze Schöpfung eine Bekundung der Weisheit und Güte Gottes und verdient als solche Achtung und Beachtung durch den Menschen. Jedes unbedachte Umbringen von Tieren, jeder Akt unnützer Unmenschlichkeit, jede gemeine Grausamkeit gegen sie ist verdammenswert.

Frances Quarles
(1592–1644) Englischer Dichter

Die Vögel der Lüfte sterben, um dich zu erhalten;
die Tiere des Feldes sterben, um dich zu nähren;
die Fische des Meeres sterben, um dich zu speisen.
Unser Magen ist ihr gewöhnliches Grab.
Bei Gott! Mit wievielen Toden ist unser armseliges
Leben befleckt!
Wie ist das Leben des gegenwärtigen Menschen so
voll des Todes!

Romain Rolland

(1866–1944) Französischer Schriftsteller, erhielt 1915 den Nobelpreis für Literatur

Die Grausamkeit gegen Tiere und auch die Teilnahmslosigkeit gegenüber ihren Leiden ist nach meiner Ansicht eine der schwersten Sünden des Menschengeschlechts. Sie ist die Grundlage der menschlichen Verderbtheit. Ich habe niemals an diese Millionen von still und geduldig ertragenen Leiden denken können, ohne von ihnen bedrückt zu werden. Wenn der Mensch soviel Leiden schafft, welches Recht hat er dann, sich zu beklagen, wenn er selbst leidet?

Bertrand Russell

(1872–1970) Englischer Philosoph

Es gibt keinen objektiven Grund für die Annahme, daß menschliche Interessen wichtiger seien als tierliche. Die einzige solide Basis für unseren Anspruch auf Überlegenheit gegenüber Tieren ist: wir können sie leichter umbringen als sie uns. Wir schätzen Kunst, Wissenschaft und Literatur hoch, weil wir hier überlegen sind. Aber Wale schätzen vielleicht das Wasserausspritzen, und für einen Esel mag ein guter Schrei feiner klingen als Musik von Bach. Wir können nicht beweisen, daß sie im Unrecht sind – außer durch willkürliche Machtausübung. In letzter Konsequenz gründen alle ethischen Systeme auf Waffengewalt.

Arthur Schopenhauer
(1788–1860) Philosoph

Die Welt ist kein Machwerk und die Thiere kein Fabrikat zu unserm Gebrauch.

Sie [die Moral des Christentums, H.F.K.] hat wahrlich eine große und wesentliche Unvollkommenheit darin, daß sie ihre Vorschriften auf den Menschen beschränkt und die gesammte Thierwelt rechtlos läßt.

Nicht Erbarmen, sondern Gerechtigkeit ist man dem Thiere schuldig.

Die vermeinte Rechtlosigkeit der Thiere, der Wahn, daß unser Handeln gegen sie ohne moralische Bedeutung sei …, daß es gegen Thiere keine Pflichten gebe, ist geradezu eine empörende Rohheit und Barbarei des Occidents.

Albert Schweitzer

(1875–1965) Arzt, Theologe, Musiker, erhielt 1952 den Friedensnobelpreis

Aus solchen mir das Herz bewegenden und mich oft beschämenden Erlebnissen entstand in mir langsam die unerschütterliche Überzeugung, daß wir Tod und Leid über ein anderes Wesen nur bringen dürfen, wenn eine unentrinnbare Notwendigkeit dafür vorliegt, und daß wir alle das Grausige empfinden müssen, das darin liegt, daß wir aus Gedankenlosigkeit leiden machen und töten. Immer stärker hat mich diese Überzeugung beherrscht. Immer mehr wurde mir gewiß, daß wir im Grunde alle so denken und es nur nicht zu bekennen und zu bestätigen wagen, weil wir fürchten, von den andern als »sentimental« belächelt zu werden, und auch weil wir uns abstumpfen lassen. Ich aber gelobte mir, mich niemals abstumpfen zu lassen und den Vorwurf der Sentimentalität niemals zu fürchten.

Wie die Hausfrau, die die Stube gescheuert hat, Sorge trägt, daß die Türe zu ist, damit ja der Hund nicht hereinkomme und das getane Werk durch die Spuren seiner Pfoten entstelle, also wachen die europäischen Denker darüber, daß ihnen keine Tiere in der Ethik herumlaufen. Was sie sich an Torheiten leisten, um die überlieferte Engherzigkeit aufrechtzuerhalten und auf ein Prinzip zu bringen, grenzt ans Unglaubliche. Entweder lassen sie das Mitgefühl gegen Tiere ganz weg, oder sie sorgen dafür, daß es zu einem nichtssagenden Rest zusammenschrumpft. Lassen sie etwas mehr davon bestehen, so glauben sie, dafür weithergeholte Rechtfertigungen, wenn nicht gar Entschuldigungen vorbringen zu müssen.

Keiner von uns darf ein Weh, für das die Verantwortung nicht zu tragen ist, geschehen lassen, soweit er es nur hindern kann. Keiner darf sich dabei beruhigen, daß er sich damit in Sachen mischen würde, die ihn nichts angehen. Keiner darf die Augen schließen und das Leiden, dessen Anblick er sich erspart, als nicht geschehen ansehen.

Besonders befremdlich findet man an der Ethik der Ehrfurcht vor dem Leben, daß sie den Unterschied zwischen höherem und niederem, wertvollerem und weniger wertvollem Leben nicht geltend mache. Sie hat ihre Gründe, dies zu unterlassen.

Das Unternehmen, allgemeingültige Wertunterschiede zwischen den Lebewesen zu statuieren, läuft darauf hinaus, sie danach zu beurteilen, ob sie uns Menschen nach unserm Empfinden näher oder ferner zu stehen scheinen, was ein ganz subjektiver Maßstab ist. Wer von uns weiß, was das andere Lebewesen an sich und in dem Weltganzen für eine Bedeutung hat?

Im Gefolge dieser Unterscheidung kommt dann die Ansicht auf, daß es wertloses Leben gäbe, dessen Schädigung und Vernichtung nichts auf sich habe. Unter wertlosem Leben werden dann, je nach den Umständen, Arten von Insekten oder primitive Völker verstanden.

Will der Mensch über sich selber und sein Verhältnis zur Welt ins klare kommen, so muß er immer aufs neue von dem vielen, was sein Denken und Wissen ausmacht, absehen und sich auf die erste, unmittelbarste und stetig gegebene Tatsache seines Bewußtseins besinnen. Nur von dieser aus kann er zu denkender Weltanschauung gelangen. ... Die unmittelbarste Tatsache des Bewußtseins des Menschen lautet: »Ich bin Leben, das leben will, inmitten von Leben, das leben will.« ...

Bejaht der Mensch seinen Willen zum Leben, so verfährt er in natürlicher und wahrhaftiger Weise. Er bestätigt eine bereits im instinktiven Denken vollzogene Tat, indem er sie im bewußten wiederholt. Anfang, stetig sich wiederholender Anfang des Denkens ist, daß der Mensch sein Sein nicht einfach als etwas Gegebenes hinnimmt, sondern es als etwas unergründlich Geheimnisvolles erlebt. Lebensbejahung ist die geistige Tat, in der er aufhört dahinzuleben und anfängt, sich seinem Leben mit Ehrfurcht hinzugeben, um es auf seinen wahren Wert zu bringen. Lebensbejahung ist Vertiefung, Verinnerlichung und Steigerung des Willens zum Leben.

Zugleich erlebt der denkend gewordene Mensch die Nötigung,

allem Willen zum Leben die gleiche Ehrfurcht vor dem Leben ent-
gegenzubringen wie dem eigenen. Er erlebt das andere Leben in
dem seinen. Als gut gilt ihm: Leben erhalten, Leben fördern,
entwickelbares Leben auf seinen höchsten Wert bringen; als böse:
Leben vernichten, Leben schädigen, entwickelbares Leben nieder-
halten. Dies ist das denknotwendige, absolute Grundprinzip des
Sittlichen.

Wahrhaft ethisch ist der Mensch nur, wenn er der Nötigung ge-
horcht, allem Leben, dem er beistehen kann, zu helfen, und sich
scheut, irgend etwas Lebendigem Schaden zu tun. Er fragt nicht,
inwiefern dieses oder jenes Leben als wertvoll Anteilnahme verdient, und auch nicht, ob und inwieweit es noch empfindungsfähig
ist. Das Leben als solches ist ihm heilig. Er reißt kein Blatt vom
Baume ab, bricht keine Blume und hat acht, daß er kein Insekt zer-
tritt. Wenn er im Sommer nachts bei der Lampe arbeitet, hält er
lieber das Fenster geschlossen und atmet dumpfe Luft, als daß er
Insekt um Insekt mit versengten Flügeln auf seinen Tisch fallen
sieht.

Geht er nach dem Regen auf der Straße und erblickt einen Regen-
wurm, der sich darauf verirrt hat, so bedenkt er, daß er in der Sonne
vertrocknen muß, wenn er nicht rechtzeitig auf Erde kommt, in der
er sich verkriechen kann, und befördert ihn von dem todbringen-
den Steinigen hinunter ins Gras. Kommt er an einem Insekt vor-
bei, das in einen Tümpel gefallen ist, so nimmt er sich die Zeit, ihm
ein Blatt oder einen Halm zur Rettung hinzuhalten.

Er fürchtet sich nicht, als sentimental belächelt zu werden. Es ist
das Schicksal jeder Wahrheit, vor ihrer Anerkennung ein Gegen-
stand des Lächelns zu sein. Einst galt es als eine Torheit, anzunehmen, daß die farbigen Menschen wahrhaft Menschen seien und
menschlich behandelt werden müßten. Die Torheit ist zur Wahrheit geworden. Heute gilt es als übertrieben, die stete Rücksicht-
nahme auf alles Lebendige bis zu seinen niedersten Erscheinungen
herab als Forderung einer vernunftgemäßen Ethik auszugeben. Es
kommt aber die Zeit, wo man staunen wird, daß die Menschheit

so lange brauchte, um gedankenlose Schädigung von Leben als mit Ethik unvereinbar einzusehen.

Ethik ist ins Grenzenlose erweiterte Verantwortung gegen alles, was lebt.

Bertha von Suttner
(1843–1914) Österreichische Schriftstellerin, erhielt 1905 den Friedensnobelpreis

Wer gegen arme, hilflose Mitgeschöpfe, die unter ihm stehen, erbarmungslos gewesen ist, hat kein Recht, wenn er in hilflose Lage kommt, zu einem höher stehenden Wesen zu beten: Herr, erbarme dich meiner!

Leo Tolstoi
(1828–1910) Russischer Schriftsteller

Es ist entsetzlich. Entsetzlich sind nicht nur die Leiden und der Tod der Tiere, sondern auch die Tatsache, daß der Mensch ohne alle Notwendigkeit sein Gefühl der Teilnahme und des Mitleids für andere lebende Wesen zum Schweigen bringt und sich selbst Gewalt antut, um grausam zu sein. Und wie tief liegt im Herzen des Menschen das Verbot ein lebendes Wesen zu töten.

Ulpian

(170–228) Römischer Rechtsgelehrter

Naturrecht ist, was die Natur alle Lebewesen lehrt; denn dieses Recht steht nicht nur den Menschen, sondern allen Lebewesen zu, welche in der Luft, auf Erden und im Meer sind.

Königin Victoria

(1819–1901) Königin von Großbritannien und Irland, Kaiserin von Indien

Es gibt keine wirkliche Zivilisation, welche die stummen und hilflosen Geschöpfe Gottes ausschließt von dem Erbarmen und Mitleid des Menschen.

Leonardo da Vinci

(1452–1519) Italienischer Maler, Bildhauer, Architekt, Naturforscher, Ingenieur

Der Tag wird kommen, wo das Töten eines Tieres genauso als Verbrechen betrachtet werden wird wie das Töten eines Menschen.

Richard Wagner
(1813–1883) Komponist

Ich weiß nicht, wie der liebe Gott einmal bei der großen Abrechnung mein Lebenswerk bewerten wird, ich habe in den letzten Wochen über 50 Partiturseiten Parsifal geschrieben und 3 jungen Hunden das Leben gerettet – warten wir ab, was gewichtiger auf die Waagschale drücken wird.

Émile Zola
(1840–1902) Französischer Schriftsteller

Die Sache der Tiere ist für mich wichtiger als die Angst, mich lächerlich zu machen. Sie ist in untrennbarer Weise mit der Sache der Menschheit verbunden, und zwar derart, daß jede Verbesserung unserer Beziehungen zur Tierwelt unweigerlich einem Fortschritt auf dem Wege zur menschlichen Glückseligkeit gleich kommt. Wenn eines Tages alle Menschen auf der Erde glücklich sein sollten, so können sie davon überzeugt sein, daß alle Tiere mit ihnen glücklich sein werden.

Stefan Zweig
(1881–1942) Österreichischer Schriftsteller

Es gibt nur ein Recht vor der Schöpfung, und dieses Recht ist das Leben, das jedem angetan ward mit dem Atem Seines Mundes.

Die Zukunft der Tierrechtsbewegung

Wie sieht die Zukunft der Tierrechtsbewegung aus? Wird sie siegen oder wieder verschwinden? Wo so viele Hoffnungen und Befürchtungen im Spiel sind, empfiehlt sich eine nüchterne Analyse: Was spricht für den Erfolg der Tierrechtsbewegung, was dagegen?

Für eine erfolgreiche Zukunft der Tierrechtsbewegung sprechen zweifellos Vernunft und Moral. Niemand kann ernsthaft leugnen, daß die Tierrechtsbewegung die logische und konsequente Fortsetzung anderer – akzeptierter – Befreiungsbewegungen ist, wie etwa der Befreiung der Sklaven oder der Emanzipation der Frauen. Stets ging und geht es um das Erkennen und Überwinden von moralischen Diskriminierungen aufgrund moralisch irrelevanter Merkmale – hier: Hautfarbe, Geschlecht und Artzugehörigkeit.

Gegen einen Erfolg der Tierrechtsbewegung spricht der menschliche Egoismus. Natürlich ist es einfacher und bequemer, Tiere auszunutzen, als ihnen zu helfen. Hinzu kommt, daß die Tiere nie einen Aufstand gegen uns organisieren werden. Wir könnten sie also ewig gefahr- und straflos quälen und ausbeuten.

Wo der menschliche Egoismus im Spiel ist, haben es alle anderen Kräfte naturgemäß äußerst schwer. Zumal sich dieser Egoismus hier so elegant als moralische Fortschrittlichkeit verkaufen läßt: »Es kommt doch nicht auf jemandes Hautfarbe an, sondern darauf, daß er ein Mensch ist!«

Über der abstrakten Frage nach *der* Zukunft *der* Tierrechtsbewegung dürfen wir aber nicht die viel wichtigere – und damit zusammenhängende – Frage vergessen: Was können *wir*, jeder einzelne, konkret und praktisch tun? Und hier gilt nicht nur: Wer nicht Teil der Lösung wird, bleibt Teil des Problems. Sondern vor allem auch: Wer Teil der Lösung wird, verringert das Problem!

Und das Problem hat sich auch schon verringert: Wer hätte sich vor zehn Jahren, als Vegetarier zum Teil noch wie Außerirdische angesehen wurden, träumen lassen, daß heute »gestandene« Vegetarier von jungen Veganern als *zuwenig* konsequent kritisiert werden! Andererseits gibt es wohl keinen Tierrechtler, der nicht durch die lähmende Langsamkeit von wirklichen Fortschritten um den Schlaf gebracht würde. Und wenn *uns* schon alles viel zu langsam geht, wie geht es erst den betroffenen Tieren in ihren Todeszellen!

Die Konsequenz für den einzelnen kann nur lauten: im eigenen Bereich alles tun, was man tun kann. Und da man mehr als alles nicht tun kann, soll aus dieser Erkenntnis auch eine gewisse Gelassenheit resultieren. Mehr noch: Wir können und sollen auch durchaus einmal ausspannen, ja sogar »vergessen« – um uns vom allgegenwärtigen Horror zu erholen und um so wieder neue Kräfte für den weiteren Befreiungskampf zu schöpfen. Die Gefahr, daß wir aufhören, »aussteigen«, besteht ohnedies nicht: Wer einmal das Leiden der Welt erfaßt und die Dankbarkeit, nicht unmittelbar davon betroffen zu sein, erlebt hat, der kann ohnehin nicht mehr ruhen. Das Verlangen zu helfen ist unstillbar geworden.

Allerdings müssen wir uns freimachen von irrationalen und destruktiven Vollkommenheitsphantasien, das heißt von der Vorstellung, daß etwas nur dann einen Sinn hat, wenn es »vollendet« ist oder werden kann. So wie ein schöner Tag auch dann einen Sinn hat, wenn er der letzte und nicht Teil eines schönen, »vollendeten« Lebens ist, so hat das Lindern von Leiden auch dann einen Sinn, wenn es nicht ein Schritt zur endgültigen, »vollendeten« Befreiung der Tiere ist. Leiden lindern und Glück fördern sind Werte an sich. Letztlich vielleicht die einzigen Werte überhaupt.

So ungewiß die Zukunft der Tierrechtsbewegung auch ist – eines läßt sich schon jetzt mit Sicherheit sagen: Ein Zurück hinter den heutigen Kenntnis- und Bewußtseinsstand kann und wird es nicht geben. Denn die Fakten und Argumente liegen auf dem Tisch; für immer. Die Ideen der Tierrechtsbewegung gehören zum unverlierbaren zivilisatorischen Gedankengut der Menschheit. Und sie haben dort das gleiche objektive Gewicht und denselben potentiellen Stellenwert wie jene Ideen, die zum Verbot von Menschenopfern und zur Überwindung der Sklaverei geführt haben.

Deshalb haben die entscheidenden Tatsachen und ihre unausweichlichen Konsequenzen auch gute Chancen, sich schon bald ins Bewußtsein vieler Menschen einzuprägen:

Menschen und Tiere sind einander körperlich ähnlich. Diese physische Ähnlichkeit von Menschen und Tieren wird sich um so schwerer leugnen lassen, je stärker und unverschämter sie dazu benutzt wird, Tiere für menschliche Zwecke auszubeuten. Stichwort: Tiere als »Ersatzteillager« für den Menschen. Wenn menschliche Organe routinemäßig durch tierliche Organe ersetzt werden, wird irgendwann niemand mehr leugnen können, daß da wohl eine gewisse Ähnlichkeit vorliegen muß.

Aus der körperlichen Ähnlichkeit von Menschen und Tieren folgt eine seelische Ähnlichkeit von Menschen und Tieren. Mit der Zeit werden immer mehr Menschen erkennen, daß die psychischen Eigenschaften und Fähigkeiten des Menschen keine rätselhaften und einzigartigen Gaben des Himmels sind, sondern daß geistiges Leben und Erleben aufgrund körperlicher Organe und Prozesse funktioniert. Und wenn diese physischen Grundlagen psychischen Geschehens bei Menschen und Tieren vergleichbar sind, dann ist es absurd anzunehmen, daß das innere Erleben von Menschen und Tieren nicht vergleichbar ist.

Ähnliches muß auch moralisch ähnlich bewertet werden. Es gehört zu den elementarsten Grundsätzen der Ethik, daß Gleiches bzw. Ähnliches moralisch gleich bzw. ähnlich bewertet und berücksichtigt werden muß. Ohne diese fundamentale Regel verlöre die gesamte Ethik ihre Grundlage, Glaubwürdigkeit und Anwendbarkeit. Wenn also Menschen und Tiere körperlich und seelisch ähnlich sind, dann müssen wir Menschen und Tiere auch moralisch ähnlich bewerten und berücksichtigen.

Diesen Fakten und Forderungen verschließen kann sich nur, wer nicht denken kann oder nicht moralisch sein will. Die Frage nach der Zukunft der Tierrechtsbewegung ist daher auch eine Frage nach der intellektuellen und moralischen Befindlichkeit des Menschen. Das Scheitern der Tierrechtsbewegung wäre nicht nur ein Schaden für die Tiere, sondern auch eine Bankrotterklärung für den Menschen.

Quellennachweis für Argumente

Bekehrungseifer
Vergleiche die Argumente »Biologische Tierzucht«, »Fakten«, »Leidensfähigkeit«, »Vegetarismus I«, »Vegetarismus II«, »Zahlen«.

Bildung
Tagesspiegel vom 15.1.1994, S. 24.

Differenz
Unsterbliche Seele: Regan, Tom, »But for the Sake of Some Little Mouth-
ful of Flesh«, in: ders., *The Struggle for Animal Rights*, Clarks Summit:
International Society for Animal Rights, 1987, S. 69.
Bentham-Zitat: Bentham, Jeremy, *An Introduction to the Principles of
Morals and Legislation*, hrsg. von Burns, J.H./Hart, H.L.A., London
1970, S. 283 (Übersetzung übernommen von: Singer, Peter, *Praktische
Ethik*, Stuttgart 1984, S. 72).

Einzelner
5. Absatz: Singer, Peter, *Animal Liberation*, Reinbek 1996, S. 263 f.

Fakten
Kaplan, Helmut F., *Sind wir Kannibalen*, Frankfurt/M. 1991, S. 191-201.
Fleischkonsum, Transparent, 2, 1993, S. 15.
Hartinger, Werner, »Results of Medical Vegetarian Studies«, Manuskript
zu einem Vortrag beim World Vegetarian Congress in New Dehli vom 5.
bis 10. Januar 1993, S. 3-7.
Meat Stinks, Recht für Tiere, 1, 1994, S. 17.

Jagd I
2. Absatz:
Frommhold, Dag, *Das Anti-Jagdbuch*, München 1994, S. 9-21.
Hagen, Horst, *Wie edel ist das Waidwerk?*, Frankfurt/M. 1984, S. 286-
290.
Hagen, Horst/Sojka, Nikolaus, *Auf der Strecke geblieben*, Göttingen
1987, S. 9.

Jagd II

Hagen, Horst / Sojka, Nikolaus, *Auf der Strecke geblieben*, Göttingen 1987, S. 25-30.

Jagd III

Ab 4. Absatz:

Christiansen, Walter, *Die Jagd ist nicht mehr zeitgemäß*, Göttingen 1990, S. 117 f.

Frommhold, Dag, *Das Anti-Jagdbuch*, München 1994, S. 9-21, 63-67, 159-162.

Hagen, Horst, *Wie edel ist das Waidwerk?*, Frankfurt/M. 1984, S. 327-330.

Hagen, Horst / Sojka, Nikolaus, *Auf der Strecke geblieben*, Göttingen 1987, S. 9, 14-16, 22, 33 f.

Leidensfähigkeit

Griffin, Donald R., *Wie Tiere denken*, München 1985, S. 38 f.

Kaplan, Helmut F., »Haben Tiere eine Seele?«, in: ders., *Leichenschmaus*, Reinbek 1993, S. 58 f.

Singer, Peter, *Animal Liberation*, Reinbek 1996, Kap. 1.

Singer, Peter, *Praktische Ethik*, Stuttgart 1984, S. 85 f.

»Menschen zuerst!«

Kaplan, Helmut F., *Sind wir Kannibalen?*, Frankfurt/M. 1991, 3.1.2.

Hier finden sich weitere Quellen, und zwar:

Midgley, Mary, *Animals and Why They Matter*, Harmondsworth 1983, S. 31.

Sapontzis, Steve F., *Morals, Reason, and Animals*, Philadelphia 1987, S. 79 f.

Singer, Peter, *Animal Liberation*, Reinbek 1996, S. 352-355.

Teutsch, Gotthard M., *Mensch und Tier*, Göttingen 1987, S. 112, 237 f.

Romain, Dianne, »Feminist Reflections On Humans and Other Domestic Animals«, in: *Between the Species*, Vol. 6, No. 4 (Fall 1990), S. 218.

Mensch-Tier-Vergleiche

2. Absatz: »Näher zu den Vettern«, in: *Der Spiegel*, 27, 1993, S. 162 f.

Ökologischer Tierschutzbegriff
Kaplan, Helmut F., »Umweltschutz und Tierschutz – Einheit oder Gegensatz?«, in: ders., *Leichenschmaus*, Reinbek 1993, S. 81-86.

Pflanzen
Singer, Peter, *Animal Liberation*, Reinbek 1996, S. 374-376.

Radikalität
Kaplan, Helmut F., »Realistisch oder radikal?«, in: ders., *Leichenschmaus*, Reinbek 1993, S. 127-138.

»Recht des Stärkeren«
Kaplan, Helmut F., »Dürfen wir, was wir können?«, in: ders., *Leichenschmaus*, Reinbek 1993, S. 35-39.

Tierversuche II
Kaplan, Helmut F., »Tierversuch und Umweltschutz«, in: ders., *Leichenschmaus*, Reinbek 1993, S. 139-142.

Töten
Sapontzis, Steve F., *Morals, Reason, and Animals*, Philadelphia 1987, S. 159-175.
Teutsch, Gotthard M., *Mensch und Tier*, Göttingen 1987, S. 118-122.

Vegetarismus I
Singer, Peter, *Animal Liberation*, Reinbek 1996, S. 260 f.

Wichtigtuerei
Kaplan, Helmut F., »Sollen Tierschützer ›sachlich‹ sein?«, in: ders., *Leichenschmaus*, Reinbek 1993, S. 64-66.

Zahlen
Plank, Franz-Joseph, *Fleisch – ein Stück Lebenskaft?*, hrsg. vom Verein gegen Tierfabriken, Rekawinkel 1995, S. 24, sowie private Mitteilung von Dr. Plank im April 1994.

Literatur zum Thema

Akers, Keith, *A Vegetarian Sourcebook: The Nutrition, Ecology and Ethics of a Natural Foods Diet*, Denver 1989. (»Fakten«)

Barnard, Neal, *The Power of Your Plate*, Summertown 1990. (»Fakten«)

Bentham, Jeremy, *An Introduction to the Principles of Morals and Legislation*, hrsg. von Burns, J. H. / Hart, H. L. A., London 1970.

Christiansen, Walter, *Die Jagd ist nicht mehr zeitgemäß*, Göttingen 1990. (»Jagd«)

Dietrich, Stephan / Haldimann, Urs, *Unser täglich Fleisch. So essen wir die Welt kaputt*, Zürich 1992. (»Fakten«)

Durning, Alan B. / Brough, Holly B., *Zeitbombe Viehwirtschaft. Folgen der Massentierhaltung für die Umwelt*, Schwalbach/Ts. 1993. (»Fakten«)

Eimler, Wolf-Michael / Kleinschmidt, Nina, *Der Fleisch-Report*, Hamburg 1990. (»Fakten«)

Eimler, Wolf-Michael / Kleinschmidt, Nina, *Tierische Geschäfte*, München 1987. (»Fakten«)

Fleischkonsum, Transparent, 2, 1993.

Frommhold, Dag, *Das Anti-Jagdbuch*, München 1994. (»Jagd«)

Griffin, Donald R., *Wie Tiere denken*, München 1985. (»Leidensfähigkeit«)

Hagen, Horst, *Wie edel ist das Waidwerk?*, Frankfurt/M. 1984. (»Jagd«)

Hagen, Horst / Sojka, Nikolaus, *Auf der Strecke geblieben*, Göttingen 1987. (»Jagd«)

Hartinger, Werner, »Results of Medical Vegetarian Studies«, Manuskript zu einem Vortrag beim World Vegetarian Congress in New Dehli vom 5. bis 10. Januar 1993. (»Fakten«)

Hutter, Karin, *Ein Reh hat Augen wie ein sechzehnjähriges Mädchen*, Freiburg 1988. (»Jagd«)

Kaplan, Helmut F., »Dürfen wir, was wir können?«, in: ders., *Leichenschmaus*, Reinbek 1993, S. 35-39.

Kaplan, Helmut F., »Haben Tiere eine Seele?«, in: ders., *Leichenschmaus*, Reinbek 1993, S. 40-63.

Kaplan, Helmut F., *Leichenschmaus*, Reinbek 1993. (»Fakten«) (»Mensch-Tier-Vergleiche«) (»Moralischer Fortschritt / Gleichheitsprinzip«)

Kaplan, Helmut F., »Realistisch oder radikal?«, in: ders., *Leichenschmaus*, Reinbek 1993, S. 127-138.

Kaplan, Helmut F., *Sind wir Kannibalen?*, Frankfurt/M. 1991. (»Fakten«)

Kaplan, Helmut F., »Sollen Tierschützer ›sachlich‹ sein?«, in: ders., *Leichenschmaus*, Reinbek 1993, S. 64-66.

Kaplan, Helmut F., »Tierversuch und Umweltschutz«, in: ders., *Leichenschmaus*, Reinbek 1993, S. 139-142.

Meat Stinks, Recht für Tiere, 1, 1994.

Midgley, Mary, *Animals and Why They Matter*, Harmondsworth 1983.

Plank, Franz-Joseph, *Fleisch – ein Stück Lebenskaft?*, hrsg. vom Verein gegen Tierfabriken, Rekawinkel 1995.

Regan, Tom, »But for the Sake of Some Little Mouthful of Flesh«, in: ders., *The Struggle for Animal Rights*, Clarks Summit: International Society for Animal Rights, 1987.

Rifkin, Jeremy, *Das Imperium der Rinder*, Frankfurt/M. 1994. (»Fakten«)

Robbins, John, *Diet for A New America*, Walpole 1987. (»Fakten«)

Robbins, John, *May all be fed. Diet for a New World*, New York 1992. (»Fakten«)

Romain, Dianne, »Feminist Reflections On Humans and Other Domestic Animals«, in: *Between the Species*, Vol. 6, No. 4 (Fall 1990).

Sapontzis, Steve F., *Morals, Reason, and Animals*, Philadelphia 1987.

Singer, Peter, *Animal Liberation. Die Befreiung der Tiere*, Reinbek 1996. (»Fakten«) (»Leidensfähigkeit«) (»Mensch-Tier-Vergleiche«)(»Moralischer Fortschritt / Gleichheitsprinzip«)

Singer, Peter, *The Expanding Circle*, Oxford 1983. (»Moralischer Fortschritt / Gleichheitsprinzip«)

Singer, Peter, *Praktische Ethik*, Stuttgart 1984. (»Leidensfähigkeit«)

Strahm, Rudolf H., *Warum sie so arm sind*, Wuppertal 1992. (»Fakten«)

Teutsch, Gotthard M., *Mensch und Tier*, Göttingen 1987.

Vegetarier-Bund Deutschlands (Hg.), *Studien mit Vegetariern*, 2. Aufl., Göttingen 1993. (»Fakten«)

Quellennachweis für Zitate

Nathaniel Altman
Wynne-Tyson, Jon, *The Extended Circle. An Anthology of Humane Thought*, 2. Aufl., London 1990, S. 2.

Jeremy Bentham
Bentham, Jeremy, *An Introduction to the Principles of Morals and Legislation*, hrsg. von Burns, J. H. / Hart, H. L. A., London 1970, S. 283 (Übersetzung übernommen von: Singer, Peter, *Praktische Ethik*, Stuttgart 1984, S. 72).

Buddha
Text 1: Zitatensammlung von W. Buttner, München. Stand: August 1992, S. 1.
Text 2: Stolzenberg, Günther, *Tolstoi, Gandhi, Shaw, Schweitzer*, Göttingen 1992, S. 8.

Elias Canetti
Text 1: Teutsch, Gotthard M. (Hg.), *Da Tiere eine Seele haben ...*, Stuttgart 1987, S. 168.
Text 2: Walden, Sina / Bulla, Gisela, *Endzeit für Tiere*, Reinbek 1992, S. 121.

Charlie Chaplin
Zitatensammlung von W. Buttner, München. Stand: August 1992, S. 3.

Jacques-Yves Cousteau
Zitatensammlung von W. Buttner, München. Stand: August 1992, S. 3.

Dalai Lama
Tier und Mensch. Sentenzen zu Tieren, Tierquälerei, Tierversuchen, Broschüre der Tierversuchsgegner Berlin e.V., Berlin 1991, S. 9.

Fjodor Dostojewski
Tier und Mensch. Sentenzen zu Tieren, Tierquälerei, Tierversuchen, Broschüre der Tierversuchsgegner Berlin e.V., Berlin 1991, S. 4.

Eugen Drewermann

Drewermann, Eugen, *Der tödliche Fortschritt: von der Zerstörung der Erde und des Menschen im Erbe des Christentums*, 6. Aufl., Regensburg 1990, S. 288-290.

Albert Einstein

Animals' Agenda, July/August 1992, S. 27 (übersetzt von H. F. K.).

Franz von Assisi

Text 1: Stolzenberg, Günther, *Tolstoi, Gandhi, Shaw, Schweitzer*, Göttingen 1992, S. 127.
Text 2: Ebenda, S. 8.

Mahatma Gandhi

Texte 1 & 2: Zitatensammlung von W. Buttner, München. Stand: August 1992, S. 6.
Text 3: *Here's Harmlessness. An Anthology of Ahimsa*, 5. Aufl., Malaga, N.J. 1993, S. 19 (übersetzt von H. F. K.).

Johann Wolfgang von Goethe

Zitatensammlung von W. Buttner, München. Stand: August 1992, S. 6.

Hermann Hesse

Tier und Mensch. Sentenzen zu Tieren, Tierquälerei, Tierversuchen, Broschüre der Tierversuchsgegner Berlin e.V., Berlin 1991, S. 6.

Theodor Heuss

Zitatensammlung von W. Buttner, München. Stand: August 1992, S. 7.

Wolfgang Hildesheimer

Tier und Mensch. Sentenzen zu Tieren, Tierquälerei, Tierversuchen, Broschüre der Tierversuchsgegner Berlin e.V., Berlin 1991, S. 6.

Max Horkheimer

Bondolfi, Alberto (Hg.), *Mensch und Tier*, Freiburg/Schweiz 1994, S. 92.

Alexander von Humboldt

Zitatensammlung von W. Buttner, München. Stand: August 1992, S. 8.

William Ralph Inge
Wynne-Tyson, Jon, *The Extended Circle. An Anthology of Humane Thought*, 2. Aufl., London 1990, S. 199-200.

Robert Jungk
Walden, Sina / Bulla, Gisela, *Endzeit für Tiere*, Reinbek 1992, S. 106.

Milan Kundera
Tier und Mensch. Sentenzen zu Tieren, Tierquälerei, Tierversuchen, Broschüre der Tierversuchsgegner Berlin e.V., Berlin 1991, S. 9.

Laotse
Zitatensammlung von W. Buttner, München. Stand: August 1992, S. 11.

Claude Lévi-Strauss
Teutsch, Gotthard M., *Mensch und Tier*, Göttingen 1987, S. 21.

Reinhard Mey
Liedtext: »Die Würde des Schweins ist unantastbar!« (Abdruck mit freundlicher Genehmigung von R. Mey.)

Christian Morgenstern
Tier und Mensch. Sentenzen zu Tieren, Tierquälerei, Tierversuchen, Broschüre der Tierversuchsgegner Berlin e.V., Berlin 1991, S. 11.

Axel Munthe
Stolzenberg, Günther, *Weltwunder Vegetarismus*, München, o.J., S. 94.

Leonard Nelson
Tier und Mensch. Sentenzen zu Tieren, Tierquälerei, Tierversuchen, Broschüre der Tierversuchsgegner Berlin e.V., Berlin 1991, S. 12.

Ovid
Ovid, *Metamorphosen*, München 1997, S. 392.

Papst Pius XII.
Zitatensammlung von W. Buttner, München. Stand: August 1992, S. 15.

Frances Quarles
Wynne-Tyson, Jon, *The Extended Circle. An Anthology of Humane Thought*, 2. Aufl., London 1990, S. 382-383.

Romain Rolland
Walden, Sina / Bulla, Gisela, *Endzeit für Tiere*, Reinbek 1984, S. 156.

Bertrand Russell
Bertrand Russell, »Dominion as Power«, in: Clarke, Paul A. B. / Linzey, Andrew (Hg.), *Political Theory and Animal Rights*, London 1990, S. 92 (übersetzt von H. F. K.).

Arthur Schopenhauer
Text 1: Schopenhauer, Arthur, *Parerga und Paralipomena: Vereinzelte, jedoch systematisch geordnete Gedanken über vielerlei Gegenstände*, Zürcher Ausgabe, Bd. X, Zürich 1977, S. 414.
Text 2: Ebenda, S. 409.
Text 3: Ebenda, S. 410.
Text 4: Schopenhauer, Arthur, *Die beiden Grundprobleme der Ethik: Preisschrift über die Grundlage der Moral*, Zürcher Ausgabe, Bd. VI, Zürich 1977, S. 278.

Albert Schweitzer
Text 1: Schweitzer, Albert, *Aus meiner Kindheit und Jugendzeit*, Gesammelte Werke, Bd. I, München, o.J., S. 278.
Text 2: Schweitzer, Albert, *Kultur und Ethik*, Gesammelte Werke, Bd. II, München, o.J., S. 362 f.
Text 3: Ebenda, S. 389.
Text 4: Schweitzer, Albert, *Aus meinem Leben und Denken*, Gesammelte Werke, Bd. I, München, o.J., S. 242.
Text 5: Ebenda, S. 169-171.
Text 6: Schweitzer, Albert, *Kultur und Ethik*, Gesammelte Werke, Bd. II, München, o.J., S. 378 f.

Bertha von Suttner
Tier und Mensch. Sentenzen zu Tieren, Tierquälerei, Tierversuchen, Broschüre der Tierversuchsgegner Berlin e.V., Berlin 1991, S. 20.

Leo Tolstoi
Tolstoi, Leo, *Grausame Genüsse*, Berlin 1895.

Ulpian
»Institutiones«, in: Krueger, P. (Hg.), *Corpus uiris civilis 1*, 16. Aufl., 1954.

Königin Victoria
Zitatensammlung von W. Buttner, München. Stand: August 1992, S. 11.

Leonardo da Vinci
Tier und Mensch. Sentenzen zu Tieren, Tierquälerei, Tierversuchen, Broschüre der Tierversuchsgegner Berlin e.V., Berlin 1991, S. 21.

Richard Wagner
Walden, Sina / Bulla, Gisela, *Endzeit für Tiere*, Reinbek 1992, S. 188.

Émile Zola
Zitatensammlung von W. Buttner, München. Stand: August 1992, S. 29.

Stefan Zweig
Zitatensammlung von W. Buttner, München. Stand: August 1992, S. 30.

Über den Autor

Dr. Helmut F. Kaplan ist Philosoph und Autor sowie Vorstandsmitglied und Sprecher für ethische Grundfragen bei »Animal Peace«. Letzte Buchveröffentlichungen: *Leichenschmaus* und *Warum ich Vegetarier bin*.